Desigualdades em Portugal

Título original:
Desigualdades em Portugal

© Cooperativa Outro Modo, os autores e Edições 70 Lda., 2011

Capa de FBA

Depósito Legal n.º 337121/11

Biblioteca Nacional de Portugal – Catalogação na Publicação

DESIGUALDADES EM PORTUGAL

Desigualdades em Portugal / org. Renato
Miguel do Carmo. – (Colecção de bolso le mon-
de diplomatique ; 2)
ISBN 978-972-44-1698-4

I - CARMO, Renato Miguel Emídio do, 1971-

CDU 316
364

Paginação:
MJA

Impressão e acabamento:
Papelmunde, SMG, Lda.
para
EDIÇÕES 70, LDA.
em
Dezembro de 2011

Direitos reservados para todos os países de língua portuguesa
por Edições 70

EDIÇÕES 70, Lda.
Rua Luciano Cordeiro, 123 – 1.º Esq.º – 1069-157 Lisboa / Portugal
Telefs.: 213190240 – Fax: 213190249
e-mail: geral@edicoes70.pt

www.edicoes70.pt

Esta obra está protegida pela lei. Não pode ser reproduzida,
no todo ou em parte, qualquer que seja o modo utilizado,
incluindo fotocópia e xerocópia, sem prévia autorização do Editor.
Qualquer transgressão à lei dos Direitos de Autor será passível
de procedimento judicial.

Desigualdades em Portugal
Problemas e propostas

COORDENAÇÃO DE:
RENATO MIGUEL DO CARMO

ÍNDICE

DESIGUALDADES:
O GRANDE DÉFICE PORTUGUÊS

Renato Miguel do Carmo   9

PORTUGAL, UMA DEMOCRACIA DUAL

Filipe Carreira da Silva e *Mónica Brito Vieira*.   23

DESIGUALDADES SOCIAIS
E AÇÃO COLETIVA NA SOCIEDADE PORTUGUESA

Nuno Nunes e *Josué Caldeira*   35

IGUALDADE E DIFERENÇA:
GÉNERO E CIDADANIA EM PORTUGAL

Sofia Aboim.   47

O QUE VALE O TRABALHO?
A ECONOMIA PORTUGUESA COMO FONTE
DE DESIGUALDADES

José Reis   49

QUÃO REGULADORA É A REGULAMENTAÇÃO
DO MERCADO DE TRABALHO?

António Dornelas   71

A MASSIFICAÇÃO DA SELETIVIDADE: DESIGUALDADES ESCOLARES EM PORTUGAL

Hugo Mendes 81

O RENDIMENTO DESCE, A OBESIDADE CRESCE

Isabel do Carmo 93

RISCO E DESIGUALDADES SOCIAIS

Ana Delicado 105

PORTUGAL E O ETERNO DUALISMO: É POSSÍVEL QUEBRAR O CICLO?

Renato Miguel do Carmo 117

DESIGUALDADES:
O GRANDE DÉFICE PORTUGUÊS

Por **RENATO MIGUEL DO CARMO**(*)

Muito se tem escrito sobre o nosso país nestes últimos dois anos. Ao entrarmos numa qualquer livraria facilmente nos deparamos com a palavra "Portugal" no título de muitos livros, que supostamente nos ajudam a conhecer melhor o país e que nos apontam os rumos inevitáveis da mudança para que a economia se torne sustentável. Apesar de encontrarmos autores de todas a posições ideológicas do espectro político, não deixa de ser sintomático o número de títulos que têm sido publicados por economistas e especialistas provenientes do lado mais à direita desse espectro.

Embora não tenha tido a oportunidade de ler muitas destas publicações, não devo estar longe da verdade

---

(*) Sociólogo, investigador auxiliar do Centro de Investigação e Estudos de Sociologia do ISCTE-IUL.

se disser que a problemática das desigualdades não é de certeza a temática mais referida por estes autores. Os temas abordados remetem sobretudo para o défice orçamental, o défice público, o défice externo, o endividamento, a competitividade, o crescimento... e, talvez, o desemprego, a escolarização e ponto final. Também se podem referir esporadicamente aos rendimentos, mas dificilmente o farão a partir da ótica da desigualdade. Na verdade, se os rendimentos são vistos como problema é porque são inevitavelmente remetidos para a questão salarial, ou seja, são vistos normalmente como custo de produção. Segundo esta lógica, os salários fazem parte do problema da insustentabilidade do país porque têm aumentado e representam um custo cada vez mais pesado para as empresas e para o Estado. Mas, também, por isso, estes deverão ser vistos como parte da solução, designadamente, por meio da sua necessária e urgente redução. Assim, ao se reduzir o custo do fator trabalho, tudo o resto se resolverá quase como se de um milagre se tratasse[1].

Ao ouvir e ver estes excelentíssimos autores que, para além de inundarem as livrarias, colonizam os espaços de opinião dos diversos meios de comunicação social,

---

[1] Esta narrativa é muito bem identificada e criticada pelo recente livro de Francisco Louçã, intitulado *Portugal Agrilhoado. A Economia Cruel na Era do FMI*, Lisboa, Bertrand Editora, 2011.

ficamos com essa ideia de que o grande problema do país é o elevadíssimo nível salarial da população empregada. Como se este fosse a única fonte do rendimento disponível no país, cuja legitimidade parece ser cada vez mais questionada: no sentido em que ter direito a um salário, resultante do exercício de uma ocupação profissional previamente contratualizada, é visto cada vez mais como um privilégio. Curiosamente, perante os salários, todas as outras fontes e componentes do rendimento são considerados irrelevantes e, como tal, intrinsecamente legítimas e naturais (os lucros, as mais-valias, etc.). Desta maneira, a questão do rendimento raramente é analisada a partir de uma lógica de repartição – que poderá remeter para desigualdades – mas é quase sempre encarada a partir de uma lógica de custo – representando um peso para as empresas e para a sustentabilidade da economia.

Para estes 'comenta-autores', os salários são um dos grandes problemas da economia, porque são muito altos e têm crescido nos últimos anos. Esta falácia é de tal maneira repetida até à exaustão que se transforma numa verdade tendencialmente interiorizada por parte população trabalhadora. Trata-se de uma espécie de feitiço ideológico cuja repetição tende a naturalizá-lo como se se tratasse da própria realidade. Contudo, quando fazemos uma análise pormenorizada dos números e das estatísticas disponíveis outra realidade emerge. A partir de um trabalho regular de sistematização de dados estatísticos, o Observatório das Desigualdades (http://observatorio-das-desigualdades.cies.iscte.pt) tem tentado desconstruir algumas destas e outras ideias feitas. Por exemplo, no estudo que produziu recentemente concluía-se da seguinte forma: "numa primeira observação sobre o nível das desigualdades sociais, podemos dizer que em Portugal as disparidades de rendimento são muito pronunciadas. O nosso país surge nos diversos índices usados pelos vários organismos nacionais e internacionais (designadamente o coeficiente de Gini[2] e o S80/20[3]), como um dos mais assimétricos da Europa. Este fenómeno que persiste na sociedade e na economia

---

[2] Indicador sintético de desigualdade na distribuição do rendimento que assume valores entre 0 (quando todos os indivíduos têm igual rendimento) e 100 (quando todo o rendimento se concentra num único indivíduo). O coeficiente pode também variar entre 0 e 1. A desigualdade / assimetria na distribuição dos rendimentos é tanto mais forte quanto maior for o valor assumido pelo coeficiente. O coeficiente de Gini mede a extensão até à qual a distribuição de rendimentos (ou, em alguns casos as despesas de consumo) entre indivíduos ou agregados familiares inseridos numa economia, se desvia de uma distribuição perfeitamente igual. Este coeficiente mede a área entre a curva de Lorenz e a linha hipotética de igualdade absoluta, expressa na percentagem da área máxima abaixo da linha.

[3] Rácio S80/S20 é um indicador de desigualdade na distribuição do rendimento, definido como o rácio entre a proporção do rendimento total recebido pelos 20% da população com maiores rendimentos (quintil 5) e a parte do rendimento auferido pelos 20% de menores rendimentos (quintil 1).

portuguesa deve-se a vários fatores de entre os quais se destaca o problema dos baixos salários de parte substancial da população empregada"[4]. Apesar desta situação persistente é verdade que entre 2006 a 2009 se tem verificado uma atenuação gradual das desigualdades de rendimento, expressa nos valores destes coeficientes (o valor do Gini baixou neste período de 36,8 para 33,7 e o S80/20 de 6,5 para 5,6, respetivamente).

De qualquer modo, Portugal continua ser dos países da União Europeia com uma percentagem relevante de população empregada que vive abaixo do limiar de pobreza (rondava em 2009 os 10% da população empregada). São trabalhadores que auferem uma remuneração mas esta não é suficiente para garantir uma vida condigna às suas famílias e, sobretudo, aos seus descendentes. Por outro lado, como alguns estudos demonstram, nem todos os salários têm subido na mesma proporção. Na verdade, o que se tem verificado é um aumento considerável nos salários de topo face aos mais baixos e, sobretudo, em relação às remunerações dos escalões intermédios cujo crescimento tem sido relativamente moderado. Só a título de exemplo, e referindo um estudo produzido pelo Observatório das Desigualdades sobre a base de dados Quadros de Pessoal do setor privado,

---

[4] Renato Miguel do Carmo (org.), *Desigualdades Sociais 2010. Estudos e Indicadores*, Lisboa, Editora Mundos Sociais, 2010, p. 95.

"em 1985 os 20% de trabalhadores com as remunerações mais elevadas detinham uma parte da remuneração 3,4 superior à dos 20% de trabalhadores com as remunerações mais baixas. Em 2009 esse rácio é de 4,2, o que significa que as desigualdades entre os que têm as remunerações mais elevadas e os que têm as remunerações mais baixas se acentuaram". Por sua vez, os trabalhadores com as remunerações mais elevadas (quinto quintil) passaram a agregar quase 44% da remuneração total em 2009, enquanto que em 1985 abarcavam apenas 36% da remuneração total[5].

Estes valores são sintomáticos relativamente às profundas desigualdades remuneratórias entre trabalhadores portugueses. Quando ouvimos os tais 'comenta-autores' a referirem-se aos salários como se estes fossem uma massa homogénea e compacta, que pode ser comprimida independentemente dos níveis de assimetria económica que incorpora, ficamos no mínimo perplexos. E surge-nos a seguinte pergunta: como é possível apontar políticas que visam a redução salarial, sem ter em conta as enormes assimetrias de rendimentos? Quanto a nós, esta pergunta só pode ter uma resposta. Pois se estes 'comenta-autores' considerassem de facto a variável

---

[5] Observatório das Desigualdades, *O acentuar das desigualdades de remuneração em Portugal no setor privado*, 2011: http://observatorio--das-desigualdades.cies.iscte.pt/index.jsp?page=indicators&id=220&lang=pt

'desigualdade de rendimento' nas suas análises, dificilmente poderiam propor uma redução salarial visto que parte substancial da população trabalhadora não aufere mais do que o salário mínimo nacional. Segundo o mesmo estudo, em 2009 a média de remuneração salarial de entre os 20% que auferem as remunerações mais baixas (1º quintil) cifrava-se nos 436 euros e nos 20% seguintes (2º quintil) nos 495 euros[6]. Assim, como vemos, grande parte dos salários em Portugal são muito baixos, e reduzi-los significa enviar um número considerável de pessoas para a pobreza.

Tendo em conta as políticas que neste momento são anunciadas pelo governo que recentemente tomou posse, corremos um sério risco de isto vir de facto a suceder. E não estamos a falar de uma margem populacional de desfavorecidos ou desprotegidos, estamos a falar de um número considerável de pessoas que se vêm juntar aos tais números que teimam em persistir na nossa sociedade, como os 18% de pessoas em risco de pobreza[7] que representam quase dois milhões. Este valor tem estabilizado nos últimos anos, mas dado o contexto recessivo do país e às políticas económicas que se avizinham,

---

[6] Estes valores referem-se à remuneração base média.

[7] Proporção da população cujo rendimento equivalente se encontra abaixo da linha de pobreza definida como 60% do rendimento mediano por adulto equivalente.

poderá a prazo crescer e aproximar-se de um quinto da população portuguesa.

Na verdade, a questão das desigualdades transcende em muito o âmbito salarial, e também ultrapassa a temática do rendimento. Por exemplo, ela encontra-se estritamente relacionada com o problema da pobreza. E no momento que agora vivemos de profunda crise económica e social, muitos são os fatores que podem contribuir não somente para a persistência das desigualdades mas para a sua intensificação. De entre estes, salienta-se: o aumento progressivo do desemprego com particular incidência na população mais jovem e mais idosa e na situação de desemprego de longa duração; o crescimento do trabalhado precário – que afeta sobretudo a população jovem mas não exclusivamente – sem qualquer tipo de proteção social e que em muitas situações se alia a níveis de rendimento relativamente baixos; a diminuição do poder de compra resultante das políticas de austeridade que atingem parte significativa dos trabalhadores; a redução do âmbito de alguns mecanismos de proteção social, designadamente, no abono de família, no subsídio de desemprego, no rendimento social de inserção, entre outros. O agravamento destas situações, muitas delas associadas, provocará um crescimento inevitável das desigualdades e também da pobreza.

Como se depreende a partir desta breve descrição as desigualdades detêm um caráter sistémico, como certos autores têm enfatizado. A este respeito a obra publicada em 2009 no Reino Unido intitulado *The Spirit Level* [8] sublinha esse caráter sistémico, ao relacionar a desigualdade de rendimentos com o nível de confiança no interior das sociedades, a esperança de vida, a mortalidade infantil, a saúde e a obesidade, a performance educativa das crianças, os homicídios, etc.

É a partir desta perspetiva sistémica que deveremos enquadrar o livro que aqui se apresenta. Os capítulos reunidos nesta publicação resultam de uma série de artigos que foram inicialmente publicados no jornal *Le Monde Diplomatique* (Edição Portuguesa) a partir de setembro de 2008. Os temas abordados remetem precisamente para essa ideia de que as desigualdades interferem num conjunto de dimensões sociais, económicas e políticas. É particularmente desenvolvida a relação entre as desigualdades e as práticas de cidadania no que diz respeito à participação política (Filipe Carreira da Silva e Mónica Brito Vieira), à ação coletiva (Nuno Nunes e Josué Caldeira) e também às questões de género (Sofia Aboim). Dois capítulos debruçam-se mais especificamente sobre o fenómeno do trabalho salientando a sua importância económica (José Reis) e a necessidade de

---

[8] Existe uma tradução portuguesa: Richard Wilkinson, Kate Picket, *O Espírito da Igualdade. Porque razão as Sociedades Igualitárias Funcionam Quase Sempre Melhor?*, Lisboa, Editorial Presença, 2010.

uma melhor regulação laboral (António Dornelas). As áreas da educação e da saúde são abordadas respetivamente por Hugo Mendes, que analisa as diferentes dimensões sociais do insucesso escolar, e por Isabel do Carmo, que estuda o problema da obesidade. O nível de proteção aos riscos sociais e ambientais é a temática abordada por Ana Delicado. O texto final desta coletânea enquadra as desigualdades enquanto fator a ter em conta no desenvolvimento e crescimento económico (Renato Miguel do Carmo).

Tendo por base a leitura destes textos, ficamos com a clara noção de que a sociedade portuguesa funcionaria muito melhor se o nível de desigualdade não fosse tão elevado. Aliás, esta constatação remete precisamente para o subtítulo do livro inglês referido anteriormente: "porque razão as sociedades mais igualitárias funcionam quase sempre melhor?". Esta é, sem dúvida, uma pergunta chave nos tempos que correm, à qual os governos nacionais e as instituições internacionais (Comissão Europeia, FMI, Banco Central Europeu, OMC, entre outras), teimam a remeter para um plano mais que secundário. A este respeito, nem os recentes estudos[9] desenvolvidos no âmbito destas instituições – que estabelecem uma relação direta entre o culminar das crises financeiras e

---

[9] Michael Kumhof and Romain Rancière, *Inequality, Leverage and Crises*, International Monetary Fund, 2010.

económicas e o agravamento crescente das desigualdades sociais – contribuem para que estas reformulem radicalmente as suas mais que nefastas receitas de intervenção sobre as economias debilitadas.

De facto, se Portugal fosse uma sociedade mais igualitária, provavelmente estaríamos numa situação económica muito mais desafogada. Por exemplo, seria interessante problematizar até que ponto uma repartição mais justa do rendimento não teria provocado uma outra pressão sobre as lógicas de consumo e de dependência ao crédito que parcialmente nos levaram ao excessivo endividamento externo? Imaginemos uma menor dispersão salarial e de rendimentos na qual as remunerações mais baixas se elevassem até perto do atual valor das intermédias e que, concomitantemente, as mais elevadas se comprimissem de maneira a se aproximarem mais das restantes. Imaginemos também que as classes médias não perdessem gradualmente poder de compra e não vissem o seu rendimento disponível encolher consecutivamente. Provavelmente a estrutura de consumo da população portuguesa se alteraria decisivamente e mais dinheiro poderia ser gasto em bens essenciais, em educação, em cultura, por parte daqueles que agora pouco mais têm para sobreviver, e menos em bens e serviços de luxo, em viagens aos mais caros paraísos turísticos, em poupanças aplicadas em *offshores*, para aqueles que têm em demasia. Se os que têm pouco tivessem um pouco mais face àqueles que têm a mais, a nossa sociedade não só seria mais justa, como provavelmente poderia ser mais sustentável do ponto de vista económico.

Por este motivo, consideramos que é vital uma política que contribua para o aumento continuado do salário mínimo nacional, tal como foi acordado entre os diversos parceiros sociais em seio da concertação social. A quebra ou descontinuidade deste contrato social, definido para o médio prazo, representa um retrocesso nas políticas que visam uma mais equitativa e justa distribuição dos rendimentos. Esta deverá ser acompanhada por medidas que apontem para uma maior progressividade dos impostos sobre o rendimento, designadamente nos escalões mais elevados, e outras que incidam sobre a tributação das mais-valias resultantes da aplicação e especulação financeira.

Mas estas contas não interessam ser feitas pelos tais 'comenta-autores' que não cessam de debitar as mesmas receitas político-económicas olvidando tudo o resto que não se encaixa nas suas pré-formatadas grelhas de análise. No entanto, quer a nível nacional quer internacionalmente outras vozes fazem o possível por se ouvir por intermédio de trabalhos sérios e consistentes, como o recente livro de Branko Milanovic intitulado *The Haves and the Haves-Nots*, que chama precisamente a atenção para as consequências desastrosas do incremento da polarização social e económica observada nestas últimas três décadas em muitos países do designado mundo desenvolvido[10].

Aliás, ao lermos esta e as outras obras referidas, não deixamos de ficar com a noção clara de que a economia mundial e, sobretudo, a europeia está a caminhar para uma irremediável insustentabilidade que se expressa numa série de paradoxos insanáveis entre a evolução da realidade e a ilusão das políticas que se impõem a essa mesma realidade. De entre estes, talvez o mais gritante diga respeito à constatação generalizada do aumento real da polarização social entre os que têm muito (e cada vez têm mais porque poupam e não cessam de especular) e aqueles que continuam a ter pouco (porque vivem somente dos seus baixos salários), e a política económica que teima em ser austera sobretudo para estes últimos (incidindo particularmente sobre o fator trabalho).

Que política é esta que mistifica a realidade e propõe uma solução insustentável a prazo? É uma política que alude à retórica do bem comum e sobre este lança os feitiços ideológicos que visam encobrir os verdadeiros beneficiados da austeridade. O interesse particular esconde-se sob a política do inevitável. É contra esta política que urge construir uma alternativa real que não

---

[10] Branko Milanovic, *The Haves and the Have-Nots. A Brief and Idiosyncratic History of Global Inequality*, Nova Iorque, Basic Books, 2011.

se deixe enredar pela ideologia como dogma mas como princípio de orientação prática, nem se transverta no mero marketing político de maneira a iludir a prática que a cada passo desmente as boas intenções da retórica. Precisamos da política como prática que encare a realidade de frente de maneira a transformá-la no sentido de uma sociedade e de uma economia mais justas mas também mais funcionais.

PORTUGAL,
UMA DEMOCRACIA DUAL

Por **FILIPE CARREIRA DA SILVA**
e **MÓNICA BRITO VIEIRA**(*)

Dos vários ideais inscritos no ADN da democracia, um assume particular saliência – a exigência duma igualdade de voz política, transversal a classe, etnia, género ou credo. Uma igualdade que desde Atenas se quis materializada, não apenas num direito formal de participação no processo político, mas numa oportunidade efetiva de falar, e ser ouvido, nesse mesmo processo. A ideia de participação vem de «parte», de ser parte dalguma coisa. Transferindo para o contexto democrático, participar significa, pois, antes de mais, tomar parte da coisa pública, no duplo sentido de inclusão (ou *fazer parte de*)

(*) Com colaboração de Susana Cabaço. Ambos os autores são investigadores do Instituto de Ciências Sociais da Universidade de Lisboa.

e de dialética política (ou *tomar partido*), para fazer valer diferentes pontos de vista sobre decisões que afetam o destino coletivo.

Entre o ideal e a prática democráticas, a tensão é constante. O direito de participação política tem sido – e será sempre – de maior uso para uns do que para outros. Nenhuma democracia conseguiu remover inteiramente desigualdades, tornando os seus cidadãos politicamente «equivalentes». E, em muitos casos, felizmente assim. Nem todas as opiniões são merecedoras de igual influência política. Mas uma coisa é excluir opiniões em resultado do próprio processo político democrático, outra bem diferente é sabê-las arbitrariamente dele excluídas à partida, em razão de persistentes, ou mesmo crescentes, desigualdades de facto e/ou de oportunidade. O persistente apelo do ideário democrático assenta numa promessa de justiça política pela distribuição universal da oportunidade de exercer, ou procurar exercer, poder político, entendido como poder de influência sobre o que o governo decide, ou não, fazer com os recursos públicos. Hoje, o risco que em Portugal se corre é que o crescendo de desigualdades socioeconómicas amplifique de tal forma as disparidades de voz política que a desafeição democrática substitua esse apelo.

Este facto parece escapar a muitos dos nossos analistas políticos. Quando se discutem as causas do mal-estar na democracia portuguesa, a descrença dos portugueses nas suas instituições democráticas, ou a crescente abstenção eleitoral (aumentou cerca de 30 por cento desde 1980, em eleições legislativas), raramente se explora a fundo a relação entre as expectativas subjacentes à principiologia democrática, por um lado, e as condições socioeconómicas necessárias à sua efetivação, por outro. Criticam-se (e bem) os partidos, por se fecharem sobre si próprios, ou a falta de qualidade dos políticos, mas subestima-se algo não menos importante: o facto de a desigualdade económica se traduzir hoje em enorme disparidade de capacidade de influência política. Num dos países mais desiguais da Europa, haverá poucos problemas mais relevantes do que este.

Para se compreender a natureza deste problema é necessário ter em conta que a cidadania significa diferentes coisas para diferentes grupos de cidadãos. A cidadania é entendida por muitos passivamente, como um «dever cívico». Para estes, o «bom cidadão» é aquele que cumpre a lei, paga impostos e vota regularmente. Outros há, porém, que interpretam a sua condição cidadã de forma bem menos institucionalizada, bem mais assente na capacidade de mobilização política. Para estes, a cidadania é, antes de mais, uma plataforma de direitos de expressão cívica e política, possibilitando o desenvolvimento de ações, desde o boicote a produtos por razões éticas à participação em manifestações, passando pela adesão a diferentes grupos de interesse, no intuito de condicionar a formulação de políticas públicas. Tal como a cidadania não se reduz a um só figurino, também o repertório de participação política democrática é mais amplo do que usualmente se imagina. Além do voto, a modalidade de participação política clássica, existem várias outras formas de mobilização cujo papel na definição da agenda política e na sua implementação não é menor do que o daquele. Referimo-nos, por exemplo, a formas de ação coletiva como protestar em manifestações, assinar petições, apoiar uma força partidária, participar em organizações voluntárias, grupos de pressão e/ou movimentos sociais com os quais se partilham causas ou especiais interesses. Outros exemplos de um novo ativismo político incluem a participação em blogues políticos, que também em Portugal vem ganhando crescentes adeptos. Reduzir o comportamento político à sua dimensão eleitoral seria, pois, deixar de fora algumas das formas mais eficazes de influência política.

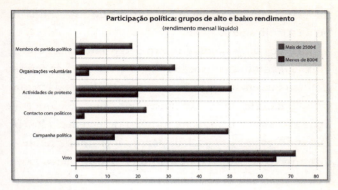

Fonte: ISSP, 2004

Dito isto, percebe-se melhor como é que a desigualdade económica se faz sentir no plano do exercício da cidadania política. Uma vez que «cidadania» significa diferentes coisas para diferentes grupos, e uma vez que a capacidade destes grupos para se organizarem e ganharem visibilidade nos meios de comunicação é tudo menos semelhante, é enganador pensar-se a «cidadania» como uma categoria uniforme, universal e igualmente acessível a todos os cidadãos portugueses. Pelo contrário, a igualdade política dos portugueses é um princípio contestado, ou até negado, pela desigual estrutura socioeconómica do nosso país. O gráfico acima, em que se compara a atividade política de dois grupos de portugueses (aqueles com até 800 euros de rendimento mensal líquido, que constituem cerca de um terço da população, e os pouco mais de 5 por cento que auferem mais de 2500), ilustra bem esta clivagem.

Há cerca de 40 anos, Adérito Sedas Nunes descrevia Portugal como uma «sociedade dualista» para se referir ao fosso que então separava o mundo tradicional em que vivia a maioria dos portugueses das ilhas de modernidade onde vivia a pequena minoria de privilegiados[1]. Olhando para este gráfico, parece que infelizmente o diagnóstico de Sedas Nunes, de um Portugal que se move a duas velocidades, se mantém atual. Em primeiro lugar, a distância entre as elites e o resto da população não diminuiu significativamente entre 1964 e os dias de hoje. Em segundo lugar, a bipolaridade que caracteriza a sociedade portuguesa é não só socioeconómica, ou respeitante aos valores e estilos de vida, mas também, e muito significativamente, política. Os dois grupos representados no gráfico só se aproximam, verdadeiramente, na hora de votar. Em todas as outras formas de participação, muito mais exigentes do ponto de vista dos recursos necessários ao seu exercício, a diferença entre os portugueses mais desfavorecidos e as elites é esmagadora. Se o meu rendimento mensal for de 2500 euros ou mais, é seis vezes mais provável que eu seja militante de um partido político, sete vezes mais provável que eu contacte pessoalmente um representante político ou um alto fun-

---

[1] «Portugal, sociedade dualista em evolução», *Análise Social*, n.º 7-8, 1964.

cionário público, e oito vezes mais provável que eu faça algum tipo de atividade voluntária do que se eu ganhar menos do que o salário médio, por sinal o mais baixo da União Europeia.

Como responder a este estado de coisas? A resposta da esquerda radical portuguesa tem sido uma não resposta. Desde logo, falta-lhe representatividade. A intensidade e o extremismo das posições defendidas no âmbito de uma política intermitente de «causas» pós-materialistas, com um pendor social e culturalmente progressista, não é representativa das posições bem menos definidas e bem mais «centristas» dos cidadãos portugueses social, económica e politicamente mais excluídos (trabalhadores pouco qualificados, desempregados, reformados, etc.). Na verdade, a base social de apoio do Bloco é diferente desta: uma burguesia urbana, instruída e jovem, cujo posicionamento económico distintamente liberal tem uma coexistência, no mínimo, tensa com as pretensões socializantes do Bloco, como é visível naqueles raros momentos em que estas são explicitadas publicamente. De resto, o extremismo das posições assumidas, sobretudo em matéria de políticas económicas e fiscais, tem repetidamente inviabilizado o compromisso político com os Socialistas em questões *bread and butter*, que são afinal as que efetivamente importam aos portugueses marginalizados e excluídos. O problema que se coloca a movimentos-tornados-partidos como o Bloco é como compatibilizar uma estratégia e agenda políticas pós-materialistas com a realidade socioeconómica de um país cujo baixo nível de desenvolvimento impede que tais práticas e valores tenham uma expressão eleitoral significativa. Perante esta contradição, e sobretudo perante os seus expectáveis custos eleitorais, na anterior legislatura o Bloco tentou aproximar-se dos Comunistas na crítica às políticas económicas e sociais do governo PS, que havia entretanto tomado conta das "questões fraturantes", em torno das quais o Bloco construíra o seu sucesso. Todavia, a personificação dos "trabalhadores" oferecida pelo Bloco nem convenceu o eleitorado comunista, nem agradou ao seu próprio eleitorado, tendo por único resultado o afastamento ideológico face ao PS. Com perdas em todas as frentes, o Bloco tentaria um "golpe palaciano", ao roubar a iniciativa da moção de censura ao PCP. Todavia, este acto inconsequente – de instrumentalidade flagrante e flagrantemente inapta – retiraria credibilidade ao Bloco, ao mesmo passo que daria um último fôlego de vida ao moribundo governo socialista. A pesada derrota do Bloco nas eleições da Primavera de 2011 seria testemunho disto.

A eleição de uma coligação PSD-PP, no contexto de uma crise da dívida soberana, e de uma co-responsabilização de PSD-PP-PS pela execução do plano da troika, abre novos desafios à esquerda radical. Por um lado, o envolvimento de todos os partidos do chamado "arco de governação" no pedido de ajuda externa deixa à esquerda radical a possibilidade de monopólio sobre o crescendo da contestação social. Todavia, centrando-se esta contestação em questões do foro económico, torna-se virtualmente impossível continuar a ignorar o que o Bloco tem a dizer sobre a economia. A indefinição ideológica que o Bloco cultivou neste campo, e que lhe granjeou o apoio de um eleitorado economicamente liberal, mas, tal como ele, socialmente progressista, vê-se agora sob pressão, embora tenha ressonância nas reivindicações algo incoerentes, e, por vezes mesmo, contraditórias, do movimento social de protesto dos chamados "indignados". Um movimento que, em sintonia com o Bloco, amalgama questões pós-materiais com reivindicações vagas de "justiça económica" e "expurgação" do sistema capitalista. Mas se é de prever que a crise conduza a um maior apoio, entre os tradicionais apoiantes do Bloco, a uma maior intervenção do Estado na economia, nem estes, nem os "indignados", parecem dispostos a subscrever as soluções económicas coletivistas e centralistas que a clarificação ideológica da agenda económica do Bloco, muito provavelmente, poria a descoberto.

Se nas manifestações organizadas pelas centrais sindicais, sob a égide do Partido Comunista, se clama abertamente por mais Estado, já nas redes sociais que desaguam nos acampamentos frente à Assembleia as palavras anti-ordem, anti-institucionais, e mesmo anti-Estado, são parte substancial do repertório político e da cultura organizacional dos indivíduos e associações que através delas se conetam. Cada um destes sectores de protesto consubstancia uma das faces da dualização do mercado de trabalho que, embora generalizada, é particularmente pronunciada em Portugal. Dela resulta uma separação entre *insiders*, com emprego público, fixo e garantido, e *outsiders*, com empregos precários, remunerações baixas, direitos laborais reduzidos, e acesso à proteção social limitado. Embora a condição de uns não seja alheia à condição dos outros, a verdade é que, em Portugal, o potencial antagonismo entre estes dois grupos escapa à representação pelas forças políticas, não sendo por isso, de todo, inimaginável a unificação dos dois setores de protesto num só. Porém, fora desses momentos de confluência epidérmica que as manifestações corporizam, a situação de *insiders* e *outsiders* é radicalmente diferente. Enquanto uns consubstanciam uma classe média de Estado, com acesso a plataformas de representação duráveis e institucionalmente reconhecidas (designadamente, os sindicatos, no âmbito da concertação social), os outros privam-se de qualquer identidade ou efeito político duradouro, ao recusarem a delegação de poder que mesmo a auto-representação implica.

Mas sem representantes duráveis, interessados em trazer a público visões coerentes do que o movimento signifique ou almeje, as intermitentes aparições públicas dos "indignados" terão dificuldade em transformar-se em algo de politicamente mais substancial, a sua voz silenciando-se no exacto momento em que a manifestação se dispersa e perde influência política. Temos assim mais uma dualidade sócio-económica que, não obstante a sua presença implícita na acção da multidão que protesta, fica aquém de se expressar reflexivamente enquanto tal, pela recusa da separação dos interesses da sua representação, e da reflexividade que essa separação potencia.

Em suma, à capacidade que os "indignados" têm de se organizar, através das novas tecnologias da informação, para ocupar o espaço público, contrapõe-se a sua incapacidade de formar um verdadeiro *esprit de parti*, que lhes permitisse tomar parte efectiva da coisa pública, no duplo sentido, acima aludido, de inclusão e de dialéctica política.

Excluída do direito à indignação e da encenação pública do dissenso que o acampamento "indignado" corporiza, encontra-se, porém, aquela população, desempregada, reformada ou empregada, mas ainda assim no limiar da pobreza, que deixou de ter aspirações ou consciência de um direito a ter direitos, e cuja exiguidade de recursos materiais e simbólicos e arraigado sentido de ineficácia política coloca fora da rede de "eventos" susceptíveis de repercussão, directa ou media(tiza)da, sobre o sistema político.

Mais do que responder a surtos de indignação, com declarações politicamente corretas, colagens estratégicas, ou medidas paliativas avulsas, compete aos partidos que com durabilidade integram o nosso sistema político *dar a ver* as desigualdades estruturalmente firmadas na sociedade portuguesa, construindo-lhes, para tal, uma visibilidade e uma inteligibilidade que, na ótica ideologicamente diferenciada de cada um deles, sejam potenciadoras de ação política. Ação que, para não ficar inteiramente prisioneira de grupos de interesse, de diversa distância ao poder e capacidade de pressão sobre ele, depende da articulação de princípios, à luz dos quais se torne possível tratar equitativamente os diferentes interesses em jogo, reconhecendo-lhes as áreas de conflito, e estabelecendo qual o tipo de interesses, ou de impacto sobre os interesses, que exige consideração política prioritária num determinado momento. Nenhuma política – e, por maioria de razão, nenhuma política de ajustamento macro-económico – é isenta de custos. A repartição desses custos, e dos sacrifícios que uns cidadãos terão inelutavelmente de fazer pelos outros, na base de uma apta representação da forma como cada grupo é parte implicada, e também, parte interessada, no destino do outro, é porventura a questão central da política portuguesa, no contexto de uma crise económica que se arrisca a aprofundar desigualdades e a colocar alguns dos nossos co-cidadãos abaixo do limiar do reconhecimento democrático.

DESIGUALDADES SOCIAIS E AÇÃO COLETIVA NA SOCIEDADE PORTUGUESA

Por **NUNO NUNES** e **JOSUÉ CALDEIRA**(*)

A relevância do estudo da ação coletiva e dos movimentos sociais cresce quando, no atual contexto societal e de historicidade da modernidade, se verificam mudanças profundas no funcionamento das sociedades modernas e capitalistas, nas suas dimensões institucionais e culturais, aos níveis económico, político e social, e quando novos desafios e dilemas se colocam no domínio das identidades culturais e pessoais.

Aprofundar a temática e problemática das desigualdades sociais constitui uma exigência social, ética, moral e naturalmente sociológica. A questão das desigualdades sociais recobre uma multiplicidade de processos e dimensões das relações sociais: desigualdades económi-

---

(*) Respetivamente, sociólogo e economista.

cas, desigualdades de classe, género e etnia, desigualdades no acesso à saúde, educação e cultura, e também desigualdades políticas e de participação social. Se a democracia e todos os direitos inerentes ao seu Estado de Direito colocam em igualdade formal e abstrata o exercício da cidadania e a ação coletiva, na verdade são profundamente desiguais as capacidades e possibilidades dos indivíduos na sua efetivação, com consequências pessoais e coletivas.

Os processos estruturais, o lugar de classe, as trajetórias sociais e as circunstâncias sociais que contextualizam a ação social dos atores repercutem-se sobre as práticas de ação coletiva (ou ausência delas). É num sistema social de desigualdades de múltipla ordem que os atores empregam diferenciados capitais económicos, culturais, políticos e sociais potencialmente mobilizáveis para as práticas de ação coletiva.

As teorias dos movimentos sociais (dominantes) equacionam a ação coletiva sem a presença de estruturas, instituições ou contextos normativos, praticamente isolando os indivíduos da densidade das suas relações sociais, configurações e regularidades. Um apelo intelectual mais premente implica compreender a influência das condições sociais sobre as práticas de ação coletiva e assumir um retorno criativo a questões teóricas fundamentais como os conceitos de estrutura, classes sociais, estratificação social, posições sociais, estruturação, relações de poder e hierarquias sociais. A inserção e intensidade da participação social nos três campos principais da ação coletiva – a participação laboral-profissional, a participação política e a participação associativa – exprimem e são a consequência das desigualdades sociais inscritas nas sociedades contemporâneas. As classes sociais possuem diferentes constrangimentos estruturais, recursos, atitudes e práticas sociais que se refletem nas formas de percecionar e incorporar disposições para a ação coletiva e conflitos sociais com maior ou menor grau de institucionalização.

O espaço social das classes sociais organiza os campos de possibilidades e recursos mobilizáveis na ação coletiva, onde os constrangimentos sociais e poderes da agência variam em função das posições sociais detidas pelos atores coletivos e individuais nas hierarquias sociais ao longo das instituições e organizações. Os participantes na interação social, individual e coletivamente, usando as possibilidades das suas posições, lutam para manter ou aumentar o seu poder relativo nos jogos sociais (cooperativos ou competitivos), que necessariamente envolvem relações entre fatores posicionais/disposicionais e situacionais/interaccionais, mas onde a relação entre estrutura e ação é geradora de autonomia[1].

---

[1] Nicos Mouzelis, *Sociological Theory: What Went Wrong? Diagnosis and Remedies*, Routledge, Londres, 1995.

As ciências sociais vivem atualmente a necessidade de novas sínteses que entendam o caráter profundamente inigualitário da cidadania económica, política e societal latente nas formas de participação laboral, militância partidária ou intervenção associativa. As dinâmicas sociais da ação coletiva atravessam atualmente condicionalismos de diversa ordem: o distanciamento da política em período de novas exigências ideológicas; a maior complexidade dos processos de socialização e a diferenciação dos estatutos sociais; a ocultação da dominação social; a fragilidade das mediações entre a experiência individual e a ação coletiva organizada; a difusividade das identidades e das identificações aos atores coletivos; e o aprofundamento do capitalismo, a par da aparente menor sedução de linguagens e suportes coletivos.

Portugal e Europa a partir das classes sociais

Os estudos comparativos internacionais onde é aplicado o mesmo questionário em diversos países europeus permitiram-nos retirar algumas conclusões referentes à sociedade portuguesa e no que diz respeito à relação entre classe social e ação coletiva[2].

---

[2] Foram analisados dados obtidos a partir do *European Social Survey* de 2006, no qual participaram vinte e três países europeus.

A sociedade portuguesa revela uma posição particular no contexto do espaço europeu. Portugal é o país com a terceira mais baixa frequência de práticas de ação coletiva, tendo apenas 17% dos inquiridos em Portugal afirmado ter participado em pelo menos uma ação coletiva. Portugal apresenta, assim, um valor bastante abaixo da média para o conjunto dos países abrangidos pelo Inquérito (41%), superando apenas países como a Polónia (15,4%) e a Bulgária (10,7%). É de assinalar o afastamento que nesta matéria Portugal regista face a Espanha, com uma diferença de mais de 20 pontos percentuais (a frequência de ação coletiva em Espanha situa-se nos 39%). No quadro europeu são os países escandinavos que lideram a adesão a práticas de ação coletiva registando frequências com valores entre os 64%

e os 70 % (uma adesão três vezes superior à verificada em Portugal).

A adesão dos portugueses ao exercício de práticas de ação coletiva, além de ser uma adesão fraca, é também uma adesão de baixa intensidade, isto é, uma adesão exercida pela prática de um número reduzido de ações coletivas. Do total dos inquiridos que em Portugal afirmaram ter realizado pelo menos uma ação coletiva, 63% desenvolveram apenas uma das sete ações possíveis e apenas 17% participaram em três ou mais ações. Comparando com Espanha observa-se, também a este nível, um diferente padrão de adesão às práticas de ação coletiva: em Espanha os inquiridos com apenas uma ação coletiva totalizam 40% dos indivíduos com ações coletivas e os inquiridos com três ou mais ações ascendem a 33%.

Os contrastes existentes em matéria de práticas de ação coletiva entre Portugal, a média do espaço europeu e o conjunto do países com uma ação coletiva mais intensa, nomeadamente os países escandinavos, tem nas diferenças das respetivas estruturas de classes um dos seus fatores com maior potencial de explicação.

Com efeito, para o conjunto do espaço europeu, são os Empresários, Dirigentes e Profissionais Liberais (EDL) e os Profissionais Técnicos e de Enquadramento (PTE) as classes que apresentam os valores mais elevados, quer ao nível da frequência quer ao nível da intensidade do exercício de práticas de ação coletiva. No que se refere aos EDL, 55% dos inquiridos afirmam ter participado em pelo menos uma ação coletiva. Deste conjunto, 30% desenvolveu três ou mais ações. No que se refere aos PTE, também apresentam 55% de inquiridos com ação coletiva, sendo 31% aqueles com maior intensidade de ação coletiva. No extremo oposto encontramos os Operários, com apenas 30% de adesão a práticas de ação coletiva e com apenas 17% nos níveis mais elevados de intensidade (três ou mais ações coletivas desenvolvidas).

Face a este padrão médio europeu de práticas de ação coletiva, segundo as classes sociais, os resultados obtidos por Portugal destacam-se em três aspetos fundamentais: em primeiro lugar, no facto de em todas as classes se registarem níveis substancialmente mais baixos de frequência (e também de intensidade) de ação coletiva comparativamente com a média europeia. Estas diferenças são mais pronunciadas, contudo, nas classes dos Trabalhadores Independentes (frequência média europeia, 38,5%; frequência média em Portugal, 9,2%), nos Empregados Executantes (frequência média europeia, 38,4%; frequência média em Portugal, 14,1%) e, também, nos Operários (frequência média europeia, 29,6%; frequência média em Portugal, 12,7%). Verifica-se também uma diferença substancial ao nível dos EDL (frequência média europeia, 55,3%; frequência média em Portugal, 27,2%). Os PTE constituem o grupo social onde as diferenças são menores (frequência média europeia, 54,9%; frequência média em Portugal, 42,0%). Não deixa de ser substantivamente relevante assinalar, por exemplo, que a classe dos Operários no conjunto dos países de mais elevada frequência de ação coletiva (sobretudo os países escandinavos e também a França) apresenta uma adesão às práticas de ação coletiva superior a qualquer classe social em Portugal e 3,2 vezes superior face à classe dos Operários portugueses.

Condições estruturais definem *praxis* coletiva

Um outro aspeto onde se denota uma clara distinção dos resultados portugueses face aos resultados da média europeia diz respeito à maior amplitude de resultados obtidos, em termos de ação coletiva, entre as várias classes constituintes do espaço social. No conjunto do espaço europeu verificam-se, de facto, claras diferenças nos níveis de frequência de ação coletiva entre classes. Por exemplo, a adesão dos PTE a práticas de ação coletiva atinge os 55,3%, o que contrasta com os 29,6% dos Operários (há assim uma relação de 1,9:1). Em Portugal esta diferença tem, contudo, uma muito maior amplitude revelando uma muito maior dispersão interclasses: os PTE, a classe mais ativa, tem uma frequência de 42% e os Trabalhadores Independentes (TI) têm uma frequência de 9,2% (o que resulta numa relação de 4,6:1).

Um terceiro aspeto que distingue os resultados de Portugal diz respeito ao efeito de estrutura social que caracteriza a sociedade portuguesa por comparação com a estrutura social de referência europeia. Com efeito, as diferenças entre Portugal e a média europeia, quer em termos de frequência quer em termos de intensidade de adesão a práticas de ação coletiva, são também profundamente marcadas, por um lado, pela sub-representação na estrutura social portuguesa das classes com maior propensão à ação coletiva, nomeadamente, os EDL e, em particular, os PTE e, por outro, pela sobrerrepresentação na estrutura social portuguesa das classes com mais baixos níveis de participação e de envolvimento em ação coletiva, designadamente os TI, os Empregados Executantes e, particularmente, os Operários.

A ação coletiva na Europa traduz, como em muitos outros indicadores de caracterização social, uma Europa profundamente fragmentada, marcada por diferentes contextos sociais geradores de condições diferenciadas para o exercício efetivo de uma cidadania ativa e participada. Neste quadro de comparações entre países, e apesar das conquistas democráticas alcançadas com a Revolução de 1974, a sociedade portuguesa revela-se como uma das menos dinâmicas a nível europeu no que se refere à consolidação de práticas democráticas e de cidadania, apresentando índices de ação coletiva que só têm paralelo nos países do Leste europeu.

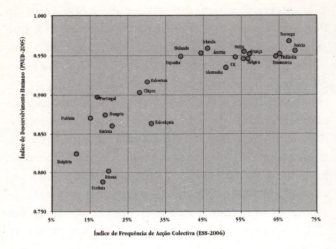

A comparação entre países revela ainda outro aspeto fundamental: a existência, ao nível de países, de uma elevada correlação entre os índices de ação coletiva com outros indicadores de desenvolvimento económico e social, nomeadamente, com o Índice de Desenvolvimento Humano do Programa das Nações Unidas para o Desenvolvimento (PNUD), com o indicador do produto interno bruto (PIB) *per capita* e com indicadores de desenvolvimento das estruturas produtivas. Estas elevadas correlações não podem ser deixadas para o domínio das coincidências de natureza estatística, sugerindo, claramente, a consideração das diferentes dinâmicas de ação coletiva como manifestação particular de diferentes níveis de desenvolvimento económico e social das sociedades europeias.

A posição recuada e periférica que Portugal apresenta no contexto europeu, em matéria de ação coletiva, é complementada, no plano interno, pela persistência de características estruturantes da organização económica, social e institucional profundamente inibidoras de uma cidadania participativa. Referimo-nos, nomeadamente, à estrutura económica e produtiva dependente, caracterizada, na sua globalidade, pelos fracos índices de desenvolvimento tecnológico e por uma baixa exigência de recursos humanos qualificados, por uma estrutura social marcada por elevados índices de desigualdade e de pobreza, e por um Estado altamente centralizado, permeável às pressões dos grupos de interesses e à corrupção.

De referir ainda que os muito baixos níveis de escolaridade da sociedade portuguesa tornam difícil uma cidadania ativa e consistente, estando esta cada vez mais associada a uma sociedade da informação e do conhecimento indutora de maiores exigências cognitivas, culturais e reflexivas. E, naturalmente, as desigualdades no acesso à informação refletem-se nas desigualdades políticas.

O desenvolvimento da cidadania participada terá de ser equacionado no quadro de um projeto político de desenvolvimento da democracia política, de redução consequente das desigualdades e de promoção de um desenvolvimento integrado. Estes são três vértices de um mesmo triângulo: desenvolvimento, igualdade, cidadania.

IGUALDADE E DIFERENÇA: GÉNERO E CIDADANIA EM PORTUGAL

Por **SOFIA ABOIM**(*)

Na sociedade portuguesa das últimas décadas, uma das grandes mudanças ocorreu indubitavelmente no campo das relações sociais de género. Os equilíbrios tradicionais da ideologia patriarcal do Estado Novo, em que a apologia da mulher doméstica, voltada exclusivamente para a maternidade, constituía um elemento vital, foram sendo derrubados a favor de novos ideais de igualdade. A ideologia da mulher-mãe tão cara a Salazar, que em 1933 afirmava que *«o trabalho da mulher fora de casa desagrega este, separa os membros da família, torna-os um pouco estranhos uns aos outros»*, caía assim por terra depois de resistir praticamente incólume durante mais de cinco décadas.

(*) Instituto de Ciências Sociais da Universidade de Lisboa (ICS--UL).

DESIGUALDADES EM PORTUGAL. PROBLEMAS E PROPOSTAS

Na verdade, ainda que tímidas, as transformações da ordem de género haviam começado a despontar nos anos sessenta, quando os impositivos da guerra colonial e a emigração maciça dos homens permitiram às mulheres encontrar novos espaços num mercado de trabalho onde então escasseava a mão-de-obra masculina. Depois, de forma mais marcada, a rutura institucional, política e cultural agilizada pelo 25 de Abril veio abrir novas possibilidades, começando pelo reconhecimento da igualdade entre homens e mulheres. Com a Constituição de 1976 concedia-se finalmente materialidade jurídica à universalidade deste princípio, ausente durante o Estado Novo, fiel aliado de um sistema patriarcal em que a dominação simbólica e efetiva das mulheres tinha legitimidade de lei. Dava-se assim um passo essencial para mudar tanto a configuração da vida privada como a da vida pública, que foi, nos anos subsequentes, acompanhada de uma entrada maciça das mulheres no mercado de emprego e de políticas progressivamente orientadas para a conciliação entre vida profissional e familiar[1]. Na verdade, a revolução política transportou consigo uma verdadeira revolução privada, que serviu de motor para a edificação de valores de igualdade de género. São hoje poucos os indivíduos que reproduzem um modelo de casal inter-

---

[1] Karin Wall, «Family Change and Family Policy in Portugal», Sheila Kamerman e Alfred Khan (eds.), *Family Change and Family Policies in France and Southern Europe*, Clarendon Press, Oxford, 2000.

namente muito diferenciado, em que o homem ganha o pão e a mulher permanece em casa, e são menos ainda os que apoiam a autoridade masculina enquanto marido e pai[2]. Atualmente, quase 80 por cento das mulheres com filhos menores de 12 anos trabalham a tempo inteiro, números muitíssimo elevados quando comparados com os da grande maioria dos países europeus. Mesmo na Escandinávia, em países como a Suécia ou a Noruega, tende a imperar um modelo de trabalho a tempo parcial para as mulheres com filhos pequenos. Ao contrário, afirmou-se em Portugal o que Nancy Fraser[3] apelida de *«modelo universal do trabalhador adulto»*, que impõe às mulheres condições de trabalho profissional muito semelhantes às dos homens, a despeito da permanência de fortes desigualdades, nomeadamente no acesso a posições públicas de poder.

Portugal apresenta, no contexto da Europa do Sul, um perfil particular, claramente marcado pelo elevado número de mulheres no mercado de trabalho, com empregos a tempo inteiro, percentagem que não tem cessado de aumentar desde a década de 70 e que é hoje similar

---

[2] Sofia Aboim, «Clivagens e continuidades de género face à família em Portugal e noutros países europeus», Karin Wall e Lígia Amâncio (org.), *Família e género, atitudes sociais dos portugueses*, Imprensa de Ciências Sociais, Lisboa, 2007.

[3] «After the Family Wage», *Political Theory*, n.º 22, vol. 4, 1994, pp. 591-618.

à que encontramos nos países da Europa do Norte. No início da década de 60, apenas um quinto das mulheres entre os 15 e os 64 anos estava empregada. Em 1970 essa percentagem havia já ascendido aos 29 por cento, aumentando ainda mais, para os 44 por cento, em 1981. Em 2001, cerca de 65 por cento das mulheres desta faixa etária estava presente no mercado de trabalho. Promovido pelo próprio processo de democratização pós-25 de Abril, que não só alargou os direitos sociais das mulheres e os esforços no apoio às medidas de conciliação do trabalho com a vida familiar como agilizou profundas mudanças culturais, o emprego feminino rapidamente adquiriu, na sociedade portuguesa, a força de um dever-ser social. As orientações legitimadoras de ideais de igualdade de género e de uma orientação feminina para a profissão fazem hoje parte do léxico normativo de mulheres e de homens. No entanto, nem por isso deixa a igualdade de género de encerrar ambivalências no plano normativo. No que respeita à divisão do trabalho, a esfera profissional tem, em comparação com a doméstica, revelado maior permeabilidade ao ideal de divisão igualitária entre homens e mulheres. No seio da vida privada, os paradoxos são maiores, oscilando-se entre ideais de igualdade, frequentemente longínquos e de difícil concretização, e as normas situadas que servem de referência pessoal na organização da vida quotidiana. Além disso, a progressiva «conquista» feminina da esfera pública não se tem refletido em igualdade de oportunidades e recompensas, nem numa idêntica entrada dos homens no domínio privado. Aí, elas continuam a ter a primazia, apesar, é certo, de uma crescente participação masculina nos labores da produção doméstica e parental.

A verdade é que a sociedade portuguesa viu condensadas, em apenas três décadas, mutações que noutros lugares se fizeram em muito mais tempo. O ideal da esposa doméstica e do homem provedor cedeu, mas no interior do espaço doméstico as desigualdades não deixaram de marcar a vida dos casais. Nos anos 80 predominava ainda a diferenciação entre tarefas femininas e masculinas. Um inquérito realizado pela Direção Geral da Família em 1988 mostrava que 73 por cento dos homens participavam em algumas tarefas domésticas, mas fazendo maioritariamente trabalhos «masculinos» como reparações ou tratar das questões administrativas. A desigualdade na esfera doméstica resistia assim às profundas mudanças que haviam abalado a sociedade portuguesa. No final da década de 90, a participação dos homens no trabalho doméstico tinha, contudo, aumentado, tendência que se mantém consistente na atualidade, prenunciando novas mudanças, ainda que na maioria das famílias seja ainda a mulher a arcar com a maior parte do trabalho dentro de casa. Segundo dados de 2002, as mulheres continuavam, em média, a fazer cerca de mais 12 horas semanais de trabalho doméstico do que os homens.

É certo que a responsabilidade de prover ainda pesa sobre os ombros dos homens, já que estes continuam a ganhar mais do que as mulheres (em média, mais 20 por cento em 2002), mas hoje o desafio encontra-se, cada vez mais, do lado masculino, à medida que se gera consenso sobre a participação do homem nas lides domésticas e nos cuidados com os filhos. Assistimos aqui aos desafios impostos por uma certa viragem do «público» para o «privado», quer em termos da discussão gerada em torno do ideal de igualdade quer no que respeita às políticas de família levadas a cabo pelo Estado. De certa forma, ao desafio, certamente inacabado e contingente, que orientou a luta pela legitimidade do acesso das mulheres ao espaço público, nomeadamente em matéria de direito ao emprego, junta-se um outro. Mais do nunca, a inclusão dos homens na vida doméstica impõe-se como uma questão premente. Afinal, como argumenta Fraser, apenas um modelo baseado no ideal do *cuidador universal* em que homens e mulheres se veriam incitados a uma repartição das responsabilidades públicas e privadas poderá ser consentâneo com a concretização de um verdadeiro modelo de cidadania universal. Sem dúvida, muitas das persistentes desigualdades de género advêm de diferentes conceções de igualdade, entendida enquanto justiça distributiva. Estas divergências encontram-se não só ao nível do Estado e das políticas sociais, mas também nas formas como é individualmente incorporada a norma igualitária.

As redefinições da igualdade

O conceito de igualdade tem sido fundamental para a consolidação de uma conceção política de democracia enquanto sistema que visa garantir a igualdade dos indivíduos perante a lei. No entanto, este processo não tem decorrido sem contradições, pois *«todas as sociedades modernas foram fortemente hierarquizadas, ao mesmo tempo que afirmavam a igualdade dos direitos civis»* [4]. Com efeito, a discrepância entre a igualdade de direito e a desigualdade de facto é resultante de variados processos de dominação, desde a escravatura ao colonialismo, desde a desigualdade de classe à dominação masculina. No mundo ocidental, a igualdade enquanto fundamento da democracia e expressão de direitos individuais, e não coletivos, tem-se alargado significativamente nas últimas décadas. No que respeita ao género, a conquista feminina do voto e da igualdade na família são afinal aquisições recentes, que marcam o reforço da autonomia do indivíduo como cidadão acima de pertenças «naturalizadas» a grupos de origem desiguais, trate-se das diferenças entre aristocratas e plebeus ou entre homens e mulheres. A expansão histórica da igualdade, nomeadamente no respeitante ao género, tem uma enorme dívida para com

---

[4] Alain Touraine, *Igualdade e diversidade: o sujeito democrático*, Editora da Universidade Sagrado Coração, 1998, Bauru (Brasil), p. 11.

as lutas dos movimentos emancipatórios femininos e o feminismo, apesar da permanência de desigualdades nas sociedades atuais.

Contudo, a noção de igualdade está longe de ser consensual no seio do movimento feminista. O feminismo liberal condensado no clássico *The Feminine Mystique* (1963), em que Betty Friedan considerava como essencial a expansão dos direitos sociais, já detidos pelos homens, ao grupo feminino, sofreu acérrimas críticas por parte de feministas radicais e marxistas, sobretudo por ignorar as lógicas de dominação masculina inerentes ao sistema patriarcal. De um lado, frisava-se a imensa importância inerente ao reconhecimento da «diferença», advogando, sob as heranças do feminismo maternalista de primeira vaga[5], as qualidades diferenciais das mulheres. De outro, a ênfase na igualdade e no direito à semelhança entre homens e mulheres marcava as discussões. De uma forma ou de outra, como nos diz Joan Scott[6], considerar igualdade e diferença enquanto antitéticas gerou nocivamente um duplo efeito. Por um lado, negou-se as formas pelas quais a noção de diferença figurou historicamente na defini-

---

[5] Theda Skocpol, *Protecting Soldiers and Mothers: The Political Origins of Social Policy in the United States*, Harvard University Press, Cambridge, 1992.

[6] «Deconstructing Equality-versus Difference: Or, the Uses of Poststructuralist Theory for Feminism», *Feminist Studies*, n.º 14, vol. 1, 1988, pp. 33-50.

ção política de igualdade, parecendo antes sugerir que a semelhança absoluta é o único meio para a igualdade. Por outro lado, a reivindicação da diferença não está imune a certos perigos, designadamente o de reproduzir hierarquias de poder que, mesmo transformadas, continuam a legitimar a supremacia de uns sobre os outros. Deste modo, apenas recusando a oposição entre estes dois termos – cuja importância na atualidade é indiscutível como se vê, entre outros exemplos possíveis, pelas acirrada polémica gerada pelo uso do *chador* (lenço islâmico) em França – e insistindo na realidade inegável das diferenças enquanto condição intrínseca de todas as identidades individuais e coletivas se conseguirá ultrapassar o enclausuramento em perspetivas redutoras. Redutoras quer do direito a ser igual, quer da capacidade de se afirmar, com igualdade de oportunidades e direitos, como diferente.

A conquista de maior igualdade de género é assim um processo complexo e inacabado que se foi construindo sob a convergência de várias influências, à medida do alargamento da noção de cidadania e direitos individuais e da pressão política exercida pelos movimentos feministas, e mais recentemente pelos movimentos LGBT (lésbicas, *gays*, bissexuais e transgéneros), na esfera da opinião pública.

Numa época de luta por direitos e por identidades, em que vozes outrora caladas sob o peso da repressão se fazem ouvir, as clivagens entre homens e mulheres são já insuficientes para abarcar o novo panorama das reivindicações na arena do género e da sexualidade. Apesar de as normas rígidas terem perdido força à medida que se foi reconhecendo legitimidade a novas formas de se «ser pessoa», de ter género e uma identidade sexual publicamente reconhecida, muitos indivíduos e grupos ainda sentem não ser plena a sua igualdade. Os movimentos de luta pelo casamento entre pessoas do mesmo sexo e pelo direito à parentalidade, ainda não reconhecido legalmente, constituem um excelente exemplo deste processo inacabado de alargamento dos direitos sociais na vida privada. Com efeito, é preciso não esquecer que, em Portugal, a homossexualidade foi descriminalizada apenas em 1982 e que, a respeito da iniciação sexual, ainda se mantêm idades de consentimento diversas para relações sexuais entre pessoas de sexo diferente e do mesmo sexo. É certo que existe já uma lei que permite o casamento entre pessoas do mesmo sexo, o que representa um grande progresso. Mas muitos direitos ainda permanecem ausentes apesar de as reivindicações LGBT terem ganho visibilidade crescente na sociedade portuguesa.

Na verdade, a grande questão que aqui se coloca, aliás como problema incontornável das sociedades contemporâneas, é a de saber como conciliar ideais de igualdade com direitos coletivos baseados na diferença. Cada vez que se reivindica uma identidade publicamente legítima reivindica-se simultaneamente o direito a ser igual e a ser diferente. Mulheres, homens e transgénero ou transsexuais, homossexuais e heterossexuais representam somente uma fatia, ainda que fundamental, dos modernos protagonistas da luta pela igualdade, ao mesmo tempo que se multiplicam as reivindicações por direitos fundamentais. Não se trata já do direito ao trabalho ou ao voto, mas, talvez mais nevralgicamente, do direito a ser-se quem se é com igualdade de oportunidades. A verdade é que, em contextos marcados pela crescente pluralidade das pertenças e dos referentes, também crescentemente se multiplicará a face visível da desigualdade na esfera pública e nas arenas políticas. Com efeito, reivindicar a igualdade é já reivindicar uma condição de cidadania, uma identidade que seja reconhecida enquanto tal. É tornar visível o que antes estava escondido e excluído da luta pela cidadania.

Portugal é atualmente, como tantos outros, um país fraturado. De um lado, encontramos a premência de uma política das identidades que abranja simultaneamente o público e o privado e que reconheça a cidadania de diferentes indivíduos. De outro, subsistem valores familialistas que, ainda colados aos antigos ideários de género, dificultam uma rutura decisiva com as categorias tradicionais da diferença entre homens e mulheres. Esta é uma diferença nascida da tradição patriarcal e homofóbica, que longe de viver com e pela pluralidade, se refugia nos arquétipos para justificar a desigualdade.

O QUE VALE O TRABALHO?
A ECONOMIA PORTUGUESA
COMO FONTE DE DESIGUALDADES

Por **JOSÉ REIS**(*)

O objetivo deste texto é discutir em que medida é que o problema das desigualdades sociais e interindividuais, para lá do que representa em matéria de *acesso* aos padrões de capacitação pessoal que a sociedade consagrou, constitui também uma questão diretamente associada ao modo como se estrutura o modelo produtivo que suporta a economia, quer dizer, ao *aparelho organizacional* coletivamente criado para gerar valor.

Se esboçarmos um quadro que represente minimamente os traços essenciais do processo de criação de riqueza em Portugal, certamente que dele deverão fazer parte os modos como se usa o trabalho, a relação deste

---

(*) Economista. Faculdade de Economia e Centro de Estudos Sociais da Universidade de Coimbra.

com as organizações empresariais, as instituições e os mercados, as formas de repartição do rendimento gerado, etc. Por isso, a análise é deliberadamente assente em informação empírica. Mas não deixo de apontar que este é um campo central do que vem sendo designado análise institucional comparativa, com a qual se procura captar a variabilidade das formas de governação da economia e os modelos nacionais de capitalismo. Aliás, é ainda neste plano que é possível encontrar as mais relevantes variáveis institucionais mensuráveis, como as que se relacionam com a capacidade de negociação entre capital e trabalho, as normas salariais ou a política fiscal, questões que, em última análise, remetem para as condições em que a sociedade estabelece as bases coletivas do seu funcionamento.

Portugal: uma economia sedenta de trabalho...

Um dos primeiros indicadores que tomo como incontornáveis para analisar em que moldes se estrutura a economia portuguesa do ponto de vista material, produtivo e organizacional é o que tem a ver com a incorporação das pessoas no mercado do trabalho. Vou, por isso, começar por dar a devida atenção ao indicador que nos revela que a nossa economia é altamente dependente da utilização de trabalho. Como se sabe, convencionou-se qualificar esta circunstância como própria de um modelo *extensivo* de crescimento. De facto, acontece que nos dias de hoje mais de três quartos da população com idade entre os 15 e os 54 anos está inserida no mercado do trabalho. Este amplo «consumo» de recursos humanos – a *taxa de atividade* – contrasta claramente com o que se passa nos outros países da Europa do Sul (da Espanha à Grécia, passando pela Itália e pela França, o valor é sistematicamente inferior a 70%) ou em casos singulares como, por exemplo, o da Irlanda. Ele só tem semelhanças com os países escandinavos, onde as condições do sistema de emprego são radicalmente diferentes, como é desnecessário justificar. Acontece até que aquele rácio tem sido crescente nos últimos anos.

Que ilações podemos tirar desta intensa necessidade de trabalho revelada pela nossa economia, e aliás também demonstrada pela significativa imigração da última década? Estamos certamente perante a demonstração de que o trabalho e o emprego constituem um poderoso mecanismo de socialização na sociedade portuguesa. Essa constatação é positiva, deve ser claramente sublinhada, e indicia que o recurso a instrumentos ditos «assistenciais» não é tão crítica entre nós como poderia ser e como é noutras sociedades.

É sempre útil pensar *ao contrário*. Imagine-se que a taxa de atividade era hoje, entre nós, semelhante à da Grécia. Isso significaria que mais de 700 mil pessoas em idade ativa estavam fora de uma relação com o mercado de trabalho. Não será difícil deduzir os impactos que daí resultariam para as empresas, para as políticas sociais, para o processo imigratório. E mesmo que a comparação fosse com a Irlanda, chegaríamos a um valor superior a 300 mil. Em anos recentes estes diferenciais eram ainda mais elevados.

Mas será o sistema de emprego um instrumento justo de inclusão e de adequada retribuição do trabalho? Não me refiro apenas à retribuição salarial, refiro-me especificamente ao modo como o trabalho faça ou não faça parte de contextos positivos, sinérgicos e geradores de capacitações humanas, tecnológicas ou organizacionais.

É bom recordar que as sociedades que apresentam taxas de emprego semelhantes às portuguesas são exatamente aquelas que, por mecanismos bem diversos dos nossos, promoveram ativamente a inserção na esfera coletiva através do trabalho, organizando sistemas de emprego complexos e ativos. É o caso dos países escandinavos, que também registam participações no emprego segundo valores que rondam os três quartos da população em idade ativa.

... e com escassa capacidade inclusiva e organizacional

Comecemos por um dado particular. Em 2006, 42% do emprego (de uma amostra de 145 mil empresas, representando 1,7 milhões de trabalhadores) dizia respeito a empresas com as mais baixas produtividades (rigorosamente, as primeiras 25% numa escala crescente de produtividade). No setor dos serviços – aquele que se tornou largamente dominante no emprego –, essa proporção é superior àquela média. Isto significa que temos uma estrutura empresarial em que predominam as situações em que se usa *o trabalho pelo trabalho*.

Assim sendo, os resultados que se alcançam em matéria de criação de riqueza estão longe de serem os desejáveis. A chamada produtividade aparente do trabalho nacional continua, persistentemente, a não ser superior a metade da média dos países do Euro e, longe de melhorar a sua posição, tende até a regredir. Isto apesar de uma boa parte (quase metade) do crescimento real do produto interno bruto (PIB) na última década ser, exatamente, devido ao acréscimo da força de trabalho inserida no sistema de emprego.

Na análise do PIB/trabalhador, é hábito do pensamento convencional dar mais atenção ao denominador desta fração (o que aponta para o trabalho) do que ao numerador (o que mostra que capacidades de produção de riqueza é que se somaram à mobilização do trabalho). Trata-se do que podemos chamar uma interpretação literal do conceito de produtividade aparente do trabalho. Ora, os baixos níveis de produtividade em Portugal mostram-nos, sobretudo, que a utilização do trabalho não ocorre em condições que assegurem a sua plena valorização: isto é, a forte utilização de trabalho não é acompanhada por circunstâncias organizacionais, empresariais ou imateriais tão amplamente mobilizadas quanto o próprio trabalho. Faz portanto sentido acompanhar a conclusão a que outros têm chegado de que *«o gap de nível do PIB per capita em Portugal, resulta basicamente de um défice de produtividade (e não do grau de utilização do fator trabalho como acontece noutras economias europeias face aos EUA)»*[1]. O défice maior a recensear é, então, o da capacidade empresarial, da sabedoria na gestão e da imaginação organizacional e competitiva – porventura o da própria justiça social presente na relação salarial.

A ser certa esta forma de ver, estaremos então perante um nível global e radical de geração de desigualdades na esfera organizacional e produtiva da economia, aquele que denota que predomina uma forma de inserção do trabalho essencialmente movida pela lógica do uso e não pela da inclusão e da retribuição.

Justifica-se, por isso, uma reflexão mais aprofundada sobre outros aspetos cruciais da relação do trabalho com os contextos organizacionais que o acolhem. Questão

---

[1] Estela Domingos *et al., Portugal no Espaço Europeu. Análise das Tendências de Evolução da Produtividade Aparente do Trabalho*, Departamento de Prospetiva, Planeamento e Relações Internacionais do Ministério do Ambiente, Ordenamento do Território e Desenvolvimento Regional, Lisboa, 2007, p. 9.

incontornável é a da incidência dos contratos a termo: o peso deste emprego no total dos assalariados atingiu em 2007 os 17,6% (nível superior a qualquer ano anterior). A utilização de contratos a termo aumentou para todos os níveis de antiguidade no posto de trabalho até 36 meses. De 1999 para 2007, verificou-se um aumento da probabilidade de novos contratos serem celebrados a termo e mantidos nessa situação durante mais tempo. Pela dinâmica de entrada na vida ativa, este fenómeno afeta particularmente os trabalhadores jovens, mas tem-se estendido a todas as idades.

Por este conjunto de razões, mesmo uma fonte tão circunspecta como o *Relatório do Banco de Portugal* (de 2010) oferece a seguinte conclusão: «*esta excessiva rotação reduz os incentivos ao investimento em educação e formação por parte das empresas e dos trabalhadores, e acentua a polarização do mercado de trabalho, afetando negativamente a acumulação de capital humano da economia. A situação agudiza-se dado que a polarização afeta sobretudo os trabalhadores jovens, ou seja, aqueles com maior propensão a investir em educação e formação* » (p. 75).

É este fenómeno particular de geração de desigualdades que se revela igualmente no facto conhecido de a taxa de desemprego dos jovens ter variado, ao longo da última década, entre o dobro e 2,4 vezes a taxa média de desemprego. Desde 2004, ao contrário do que, em regra, acontecia em anos anteriores, a taxa de desemprego dos jovens pouco escolarizados (primeiro e segundo ciclos do ensino básico) é superior à média dos jovens. O que nos dá uma medida do significado dos dados perturbadores que mais marcam a condição escolar da população: entre os 20 e 24 anos, os que têm o ensino secundário completo são dois terços da média da União Europeia a 15 (UE15) – 64% da UE27 – e o abandono escolar precoce é mais do dobro do da UE15 (mais grave ainda quando comparado com a UE27).

Além disso, indicadores como o que nos apontam para uma proporção crescente de trabalhadores com horário incompleto (12,1% em 2007; 10,9% em 2000) ou para uma proporção estável de trabalhadores com horário semanal superior a 45 horas (a média anual do período 2000-2007 foi de 13,6%) não sugerem que estejamos perante formas ativas, plurais, de valorização do trabalho, mas certamente perante sinais de precarização cada vez mais preocupantes.

A criação de riqueza e a sua repartição: onde estão os custos do trabalho?

A incidência macroeconómica desta morfologia assimétrica do sistema de emprego é fácil de deduzir. Os termos mais elementares do problema parecem-me ser estes: entre 1995 e 2008, a riqueza criada no país (o PIB) aumentou, em termos reais, 32%; contudo, o

PIB por trabalhador aumentou menos de metade (15%). Este último valor alinha pela média dos países do Euro, mas é substancialmente inferior ao da UE a 27 (23%) e incomparavelmente mais baixo do que países como a Grécia, a Irlanda, a Eslovénia, a Eslováquia ou a Finlândia, para dar vários exemplos geralmente invocados a outros propósitos.

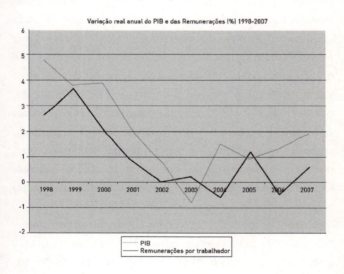

Vejamos mais em detalhe, tomando agora como fonte o *Relatório do Banco de Portugal* referido anteriormente: entre 1998 e 2007, perante uma clara tendência de desaceleração e crise, o PIB cresceu, em média, 2% ao ano.

Neste mesmo período, como o gráfico ilustra, as remunerações médias de trabalho evoluíram sistematicamente aquém do crescimento da riqueza. Requer-se por isso uma grande dose de imaginação para postular que são os custos do trabalho que têm pesado no nosso desempenho económico. Mas a verdade é que a profunda dimensão ideológica que a discussão da relação laboral traz sempre consigo – e que a direita conservadora e os economistas liberais mostram despudoradamente – aparece a cada esquina. O próprio *Relatório do Banco de Portugal* que tenho estado a citar não se inibe de, nas páginas 208 e 225, apresentar (em termos reais, como deve ser) os valores que me permitiram construir este gráfico e de, nas páginas 132 e 133, tratar as remunerações em termos nominais, para concluir por uma elevação dos custos do trabalho que, afinal, é essencialmente nominal e que, portanto, não justifica as conclusões de excesso salarial. O que acontece, em suma, é que o suposto diferencial negativo entre os acréscimos anuais da produtividade e das remunerações decorre de aquela vir em termos reais e de esta vir em termos nominais. Exatamente a questão que, a outro propósito, Nuno Teles originalmente denunciou, com rigor, no blogue Ladrões de Bicicletas, quando também mostrou que os custos unitários de trabalho reais têm seguido em Portugal uma tendência decrescente.

Não pode, pois, deixar de ser convocado um dado cristalino, aquele que evidencia a parte que cabe ao trabalho no rendimento nacional. É útil uma observação de longo prazo para nos situarmos devidamente. Em finais dos anos 60 e em inícios dos 70, quando a industrialização tardia se consolidou – num contexto de escassez de trabalho devido à emigração e à procura interna dos setores emergentes –, ao trabalho chegou a caber mais de 55% da riqueza produzida. Foi essa a repartição do rendimento em 1971. Com a democratização, os anos subsequentes à Revolução de 1974 colocaram o trabalho numa posição excecional, que não tardaria a ser «reabsorvida», relegando a sua participação nesse rendimento para o valor historicamente mais baixo, atingido em 1988 (menos de 44%), ou seja já em pleno processo de integração comunitária. Hoje esta relação ronda os 50%.

Trabalho: um espelho rigoroso

O problema da relação salarial não é apenas uma questão sindical e dos trabalhadores. Sendo ela a base da criação da riqueza, indica o que se passa do lado do trabalho e o que ocorre no plano empresarial. Mostra, portanto, o lado dos mais frágeis, sobretudo quando se consolidam assimetrias gritantes e desigualdades perturbadoras. Mas mostra também por que caminhos andam as capacidades coletivas de estruturar a organização social, desde a produção, ao Estado, às políticas públicas, às instituições que nos enquadram.

Por isso, os desafios da economia portuguesa são hoje mais críticos, mas não deixam de ser os de sempre: qualificar, capacitar, incluir, gerar dinâmicas integradoras, em vez de submissões, individualismo, cálculos estreitos, soluções egoístas. O trabalho reclama isso com particular razão. Mas o que fazemos do trabalho é, afinal, um espelho rigoroso do que fazemos com nós todos.

QUÃO REGULADORA
É A REGULAMENTAÇÃO
DO MERCADO DE TRABALHO?

Por **ANTÓNIO DORNELAS**(*)

É um facto bem estabelecido que a cobertura contratual coletiva se situa em Portugal dentro dos padrões elevados que caracterizam a maioria, mas não a totalidade, dos Estados membros da União Europeia.

A análise do quadro legal que condiciona a contratação coletiva de trabalho, da evolução do emprego e das empresas por ela abrangidos ao longo do tempo, das demais características estruturais, dos conteúdos dos acordos publicados e da influência sindical e governamental na determinação destes mesmos conteúdos foi analisada no «Livro Verde das Relações Laborais (2006)», que coordenei e de que sou coautor, e permitiu concluir o que se segue.

(*) Sociólogo, Departamento de Sociologia do ISCTE-IUL e CIES-IUL (Lisboa).

- A evolução da taxa de cobertura mostra que, tal como acontece em vários outros países europeus, ela resulta quer do número de convenções coletivas de trabalho concluídas pelos interlocutores sociais quer das decisões governamentais de extensão *erga omnes* das convenções coletivas celebradas.
- A taxa de cobertura da contratação coletiva de trabalho é tradicionalmente elevada. Porém, no primeiro ano de aplicação do Código do Trabalho de 2003, essa taxa de cobertura reduziu-se a menos de metade, facto que foi revertido em consequência da Lei 9/2006, registando-se atualmente máximos históricos de cobertura contratual coletiva.
- Em consequência da estrutura empresarial – predominantemente de micro e pequenas empresas – e da extrema fragmentação do associativismo sindical (421 associações sindicais registadas) e patronal (497 associações patronais registadas), a contratação coletiva de trabalho é igualmente muito fragmentada, com 65,7% das empresas a abrangerem menos de 1000 trabalhadores cada uma.
- As associações sindicais ligadas à CGTP_IN (54,4% do total em 2003/05) e à UGT (35,9% em 2003/05) são as duas protagonistas sindicais mais relevantes da contratação coletiva de trabalho. No mesmo período, apenas 13,2% do total das convenções coletivas de trabalho foi subscrita conjuntamente

por associações sindicais ligadas àquelas duas confederações sindicais. É residual (5,4% em 2003/05) a parte das convenções coletivas de trabalho assinada apenas por associações sindicais sem qualquer ligação à CGTP_IN e à UGT.

- É frequente que no mesmo estabelecimento vigore mais do que uma convenção coletiva de trabalho (61,9% dos estabelecimentos e 73,1% do emprego). Porém, quando se analisa o conteúdo dos temas principais daquelas convenções coletivas de trabalho, verifica-se que em 97,7% dos estabelecimentos – o que corresponde a 88,1% do emprego – não há diferença entre as convenções coletivas de trabalho.
- Em 2004, cerca de 80% das convenções coletivas de trabalho vigoravam há menos de 8 anos, muito embora apenas 49,9% das respetivas tabelas salariais tivessem iniciado os seus efeitos há menos de um ano.
- As questões mais frequentemente tratadas nas convenções coletivas são os temas típicos da relação salarial fordista: salários mínimos das categorias profissionais, duração máxima do tempo de trabalho normal, trabalho noturno e restrições à mobilidade geográfica. É frequente que as convenções coletivas de trabalho reproduzam as normas legais em vigor à data em que negociação de cada matéria teve lugar pela primeira vez na respetiva unidade negocial.

- A negociação coletiva sobre salários tem reduzido e decrescente impacto direto nos salários efetivos dos trabalhadores e uma capacidade de condicionamento limitada das desigualdades salariais. Na estrutura dos salários efetivos, o salário base – ligado à categoria profissional – representa uma parte decrescente da remuneração total regular.
- A duração média do trabalho normal coletivamente contratada (38,4 horas em 2004) é ligeiramente inferior à média comunitária (38,6 horas). Muito embora a redução da duração legal máxima do tempo de trabalho para 40 horas semanais tenha induzido uma dinâmica de redução da duração efetiva do tempo de trabalho, a duração média efetiva tem sido sempre superior à duração contratada, sendo os «quadros superiores» e as funções de enquadramento e chefia os grupos de classificações profissionais com maior volume de trabalho suplementar declarado.
- Fora da administração pública, a conflitualidade laboral expressa em greves é em Portugal cerca de metade da média europeia; as reivindicações associadas às greves estão primordialmente ligadas aos salários e condições de trabalho e a influência direta da greve na satisfação dessas revindicações é muito reduzida.

Em 2007 tive a oportunidade de participar num outro estudo, agora em vias de publicação, que permite analisar o impacto deste quadro contratual coletivo nas relações laborais ao nível da empresa. O estudo baseia-se num inquérito por questionário feito a uma amostra representativa dos vários tipos de contrato de trabalho. Os resultados obtidos sugerem o que se segue.

- As relações laborais na empresa constituem em Portugal uma área de claro predomínio da posição patronal e de escassa influência dos sindicatos e de outras formas de representação coletiva dos trabalhadores da empresa na determinação de três dos principais parâmetros da relação salarial: a categoria profissional, o horário de trabalho e o salário efetivo.
- É muito expressiva a valoração positiva do papel dos sindicatos quanto aos resultados da sua ação em favor da segurança do emprego e da qualidade das condições de trabalho. Porém, verifica-se que cerca de dois terços dos inquiridos nunca esteve sindicalizado, que mais de 60% não simpatiza com nenhum sindicato e que mais de metade não reconhece eficácia a nenhum sindicato.
- No que respeita à ação coletiva na empresa, a informação recolhida sugere que esta existe em apenas um terço do mundo do trabalho e que não há qual-

quer forma de representação coletiva dos trabalhadores em cerca de dois terços das empresas.

- No mesmo sentido, a informação recolhida e a análise realizada sugerem que são predominantes os traços do unilateralismo patronal e da individualização das relações laborais, o que se traduz tanto no modo de determinação dos principais aspetos das condições de trabalho – salário, horário e categoria profissional – como no facto de quatro quintos dos inquiridos declararem preferir resolver um eventual conflito individual diretamente com o empregador e de mais de quatro quintos dos respondentes declararem nunca ter feito greve.

- Os respondentes avaliam positivamente o passado profissional recente, as perspetivas profissionais de curto prazo, as relações com o empresário e com os colegas de trabalho e, em média, consideram que os seus direitos são respeitados.

- Porém, a análise do grau de satisfação conduz a uma avaliação sempre negativa, particularmente expressiva no que respeita ao nível de remuneração, à autonomia profissional e às oportunidades de progressão profissional; o grau de insatisfação com as condições de trabalho em Portugal é o terceiro mais elevado dos nove países analisados (Alemanha, Dinamarca, Eslovénia, França, Grã-Bretanha, Hungria, Irlanda, Suécia e Portugal).

- Apenas uma minoria dos respondentes se considera em posição «forte» num mercado de trabalho regulado principalmente pelo poder patronal e onde a perda do emprego é um risco assumido pela maioria: dois terços temiam nessa altura perder o emprego e cinco sextos temiam não vir a encontrar um emprego que fosse, pelo menos, tão bom como o atual;
- No que respeita aos fatores de condicionamento do futuro profissional, a análise realizada sugere duas conclusões principais quanto à relevância. Em primeiro lugar, que é semelhante a importância atribuída pelos respondentes ao nível de qualificações profissionais detidas, à proteção legal contra despedimentos e à proteção social em caso de despedimento. Em segundo lugar, que os respondentes atribuem a maior relevância à situação económica da empresa e às decisões dos empregadores, seguida dos restantes fatores e instâncias de decisão associadas nos dois outros componentes, que não diferem estatisticamente entre si.

Nestas circunstâncias, os dois estudos aqui sumariamente apresentados sugerem três contradições vincadas. Primeiro, entre, por um lado, a avaliação fortemente positiva do papel potencial do sindicalismo e, por outro lado, a escassa presença sindical nas empresas e o declínio progressivo da taxa de sindicalização.

Em segundo lugar, entre a forte presença da regulamentação coletiva de trabalho e a sua reduzida capacidade de regulação das principais dimensões da relação laboral. Dito de outra forma, uma densa rede de regulamentação coletiva do trabalho que tem uma escassíssima capacidade de regulação das relações capital-trabalho.

Em terceiro lugar, entre a relevância atribuída pelos inquiridos aos fatores de condicionamento do seu futuro profissional – compatível, em princípio, com estratégias de reforma da regulação do mercado de trabalho baseadas no aumento da adaptabilidade interna das empresas e na proteção da mobilidade externa – e as retóricas sindicais predominantes, de defesa de modelos de regulação típicos dos tempos do pleno emprego masculino, da reduzida segmentação dos mercados de trabalho, quando o salário horário constituía, e a justo título, a principal questão da regulação dos mercados de trabalho. Ou, para ser inteiramente explícito, os resultados apurados mostram uma grande proximidade dos trabalhadores inquiridos com algumas versões da flexissegurança, o que de todo não coincide com as posições dominantes na maior confederação sindical portuguesa.

Os resultados obtidos nestes dois estudos sugerem, assim, que existem em Portugal as condições que permitem – se nisso convergir a vontade política dos decisores sindicais, patronais e governamentais – responder com soluções negociadas aos principais problemas sociais dos nossos dias: o aumento do desemprego, a insegurança de emprego e o alto nível de desigualdades sociais.

Mas, evidentemente, daí não se segue um juízo de probabilidade quanto à escolha desta via. Os próximos tempos mostrarão qual dos caminhos predominou em Portugal: se o da renovação da agenda sindical e do desenvolvimento da negociação social ou o do aprofundamento do unilateralismo patronal.

A MASSIFICAÇÃO DA SELETIVIDADE: DESIGUALDADES ESCOLARES EM PORTUGAL

Por **HUGO MENDES**(*)

A discussão sobre as desigualdades e a escola deve começar pelos fins que moldam a sua face de Janus: a esquerda clama pela igualdade de resultados e a integração de todos os alunos; a direita defende uma seleção capaz de produzir elites e de formar mão de obra para uma economia assente na especialização funcional. O movimento compreensivo que emergiu na Europa na década de 1960, marcado pela extensão da escolaridade obrigatória, a abertura do secundário a alunos oriundos dos ciclos anteriores e, na maioria dos países, a unificação do ensino liceal com o técnico, representou um compromisso entre o imperativo modernizador (apologista da qualificação da mão de obra) e o igualitarista

_____

(*) Sociólogo.

(inimigo da seleção precoce), adotando a igualdade de oportunidades como princípio filosófico. Fruto de uma contingência histórica, o compromisso revelou-se instável, sobretudo no confronto com as exigências da qualidade do ensino e da eficiência da política educativa, essencial num setor que absorve uma ampla fatia das finanças públicas. Igualdade, seleção, qualidade, eficiência: realizar a arbitragem entre estes critérios é como tentar a quadratura do círculo. Isto é ainda mais difícil quando se extremam as visões unilaterais: quando a defesa da igualdade esquece que a inclusão sem qualidade leva à perversa *«pedagogização da questão social»* [1]; quando a defesa da seleção zela por um malthusianismo escolar num país com um grande défice de qualificações; quando a defesa da qualidade ou da eficiência *per si* despolitiza a questão e esquece que a igualdade de oportunidades é uma *ficção necessária*, pelo que levá-la a sério requer a defesa de mais medidas igualitaristas além da formal gratuitidade do ensino.

Em Portugal, todos parecem ter motivos de insatisfação: os que se queixam das desigualdades, da ausência de seletividade, da ausência de qualidade e da ausência de eficiência. Deixando de lado o último critério [2], e

---

[1] José Alberto Correia, *As Ideologias Educativas em Portugal nos Últimos 25 anos*, Asa, Porto, 2000.

[2] Vários relatórios da OCDE e da rede Eurydice têm nos últimos anos feito a demonstração do problema.

olhando para a qualidade das aprendizagens dos alunos, medidas pelos estudos internacionais, os resultados deixam lugar a poucas dúvidas: uma fatia demasiado ampla dos alunos tem sérias dificuldades em disciplinas como o Português, a Matemática ou as Ciências. No que toca às desigualdades, as enormes assimetrias de rendimentos e de qualificações como as que atravessam a população não podem deixar de ter um fortíssimo impacto na escolarização das crianças, cuja proporção a viver abaixo da linha de pobreza é das mais elevadas da União Europeia (EU). Podemos dividir as desigualdades *perante* e *na* escola em quatro: as relativas aos recursos económicos, sociais, e culturais das famílias; as relativas à ecologia local da escola e da residência do aluno, dado que os efeitos de contexto (a qualidade escolar dos vizinhos ou a dinâmica local do mercado laboral) condicionam o seu desempenho; as relativas à escola como espaço que concentra recursos materiais (edifícios e recursos tecnológicos) e humanos de qualidade desigual; e as relativas às práticas pedagógicas (algumas não permitem a recuperação dos alunos com dificuldades, e acabam por reforçá-las). Estas desigualdades tendem a pesar de forma cumulativa sobre os mesmos indivíduos.

Quando a estas somamos a inércia do sistema para abandonar a sua preferência para a seletividade, temos um contexto produtor de níveis espetaculares de insucesso escolar. Assim, embora a distinção entre o ensino liceal e o ensino técnico tenha dado lugar à escola unificada em meados da década de 70, a tradição liceal continuou a dominar o secundário, e este continuou subordinado à lógica de prosseguimento de estudos superiores. O acesso ao 3.º ciclo do ensino básico e ao ensino secundário de alunos com recursos económicos e culturais e horizontes educativos bem distintos do típico liceal do Estado Novo revolucionou silenciosamente as exigências colocadas ao sistema e ao corpo docente: *«Quando o sistema educativo português (...) estava desenhado para operar a seleção escolar e, com isto, a correspondente seleção social, pode dizer-se que o fazia com eficiência (...) O problema apareceu nos anos 70, com uma procura da educação sustentada pelas políticas educativas então emergentes, com vista a uma democratização da educação. Como o paradigma não se alterou, em vez de se ter desenvolvido uma escolaridade de massas antes ocorreu uma massificação da escola seletiva. O resultado foi a massificação da seletividade»*[3]. Que forma tomou esta seletividade? Por motivos vários – *políticos*, relativos à indefinição da missão de uma escola de massas; *estruturais*, relativos ao desenho de um sistema sem vias alternativas para onde canalizar os alunos com dificuldades; *pedagógicos*, relativos às práticas inadequadas para lidar com crianças à partida mais distantes do

---

[3] Eurico Lemos Pires, *Nos Meandros do Labirinto Escolar*, Celta, Oeiras, 1999.

métier de aluno –, a retenção acabou por ser a forma encontrada pelo sistema para gerir o aumento da tensão, que advém do facto de a seleção passar a ser feita no seu interior, e não às suas portas.

A preferência para a retenção

Debater a questão da retenção não é fácil, tanto junto dos professores como do público, refém do populismo pedagógico («agora já nem se pode chumbá-los!»), mas uma visão mais distanciada dá-nos elementos importantes. Do ponto de vista *histórico*, é a resposta típica de sistemas em dificuldade para lidar com rápidos processos de massificação, ou sistemas muito ineficazes – em particular, os dos países mais pobres. Do ponto de vista *pedagógico*, as ciências sociais têm mostrado sistematicamente a ineficácia da retenção: se o seu objetivo é dar uma segunda oportunidade ao aluno, é amplo o consenso académico de que esta acaba por excluí-lo do percurso normal de aprendizagem.

Alguns resultados do PISA 2006[4] ilustram a discussão. Como em estudos anteriores, Portugal não ficou

---

[4] O PISA (Project for International Student Assessment) é um estudo internacional feito a alunos de 15 anos (que se encontram perto de completar ou já completaram a escolaridade obrigatória) sobre os conhecimentos e as competências considerados essenciais

bem classificado: em 57 países, o valor médio dos resultados (474) deixa-nos em 37.º lugar (27.º no grupo dos 30 da OCDE). Além destes dados, outros merecem atenção. Primeiro, a percentagem dos alunos no ano modal[5] é a segunda mais baixa da OCDE (50,7%): metade está atrasada no seu percurso escolar. Em segundo, é o grau de atraso que impressiona: 20% deles foram retidos dois ou três anos. É o peso destes alunos que baixa muito o valor global, dado que a média daqueles no ano modal (528) é boa a nível internacional[6].

É possível argumentar que Portugal tem muitos alunos atrasados porque estes sabem menos; se os de outros países fossem tão fracos, teriam ficado retidos. A hipótese alternativa defende que os sistemas educativos têm formas diferentes de lidar com os alunos mais fracos.

---

para a participação ativa na sociedade. O de 2006 é o terceiro, depois dos realizados em 2000 e 2003. O PISA está organizado em ciclos, contemplando as áreas da Leitura, da Matemática e das Ciências; em cada ciclo, uma das áreas concentra maior atenção. Em 2006, as Ciências foram a mais importante, e é sobre esta que os dados apresentados se reportam. A sua leitura deve ter em conta que a média estandardizada é 500.

[5] Aos 15 anos, um aluno com percurso normal está no 10.º ano.

[6] Estes dados foram alvo de uma análise mais extensa na comunicação apresentada com M. Vieira da Silva no VI Congresso de Sociologia (junho de 2008, Lisboa): «Equidade e eficácia: o que o PISA nos diz sobre o sistema educativo português».

Uma comparação entre os países da OCDE[7] faz-nos duvidar do poder explicativo da primeira hipótese. Para começar, a diferença entre os alunos portugueses no 5.º (319) e no 95.º percentil (617) não é muito grande: Portugal é um dos cinco países onde ela é inferior a trezentos pontos[8]. Porém, a diferença traduz-se numa assimetria particular: se na maioria dos países uma diferença superior a trezentos pontos raramente dá lugar a uma dispersão de alunos superior a dois anos, os alunos portugueses nos extremos da distribuição, separados por menos de trezentos pontos, estão dispersos por quatro anos (do 7.º ao 10.º). A desigualdade entre os alunos portugueses traduz-se menos na assimetria de conhecimentos do que na distribuição dos alunos por diferentes anos de escolaridade.

Uma segunda observação ajuda a perceber o que está em causa. Comparemos o aluno português com o norueguês no 5.º percentil: o primeiro tem 329 e o segundo 328. A diferença fundamental é que o português está no 7.º ano e o norueguês no 10.º; o primeiro corre o risco de não cumprir a escolaridade obrigatória, mas o segundo já a terminou e estará numa via profissional do

---

[7] Dados disponíveis em http://dx.doi.org/10.1787/152610887346.

[8] Convém não esquecer que, dado que o estudo se dirige a jovens com 15 anos que estão na escola, exclui por definição os que, com essa idade, já abandonaram o sistema.

secundário, onde obterá uma qualificação profissional; está, assim, numa situação objetivamente mais favorável para traduzir o mesmo nível de conhecimento num melhor percurso escolar e profissional. Para níveis de conhecimento semelhantes, o sistema português prefere reter o aluno; os que agitam a bandeira do «facilitismo» devem procurar outro país, talvez mesmo um no topo da tabela do PISA.

Os efeitos desta estratégia de gestão da heterogeneidade são muito negativos. Em primeiro lugar, quando ocorre cedo na trajetória do aluno, a retenção prenuncia um percurso de insucesso e uma alta probabilidade de abandono do sistema. O resultado agregado do fenómeno está inscrito nas estatísticas: na UE, só Malta tem uma percentagem de jovens entre os 18 e os 24 anos com o 9.º ano mas que estão fora do sistema educativo mais elevada do que Portugal. O valor está a baixar (36,3% em 2007 contra 39,2% em 2006), mas a recuperação devia ter começado mais cedo, crucial na aproximação à meta da Estratégia de Lisboa para 2010 (15%). Em segundo lugar, dado que a retenção (e a saída precoce) atinge(m) esmagadoramente os filhos de famílias de baixos recursos, ela pesa fortemente na reprodução geracional das desigualdades. Em terceiro lugar, há muito que vários países restringiram o uso da retenção; a alternativa passou pelo desenvolvimento de estratégias de acompanhamento do aluno que intervêm sobre as primeiras dificuldades de aprendizagem. Por cá, o uso da retenção retardou a introdução de práticas pedagógicas mais eficazes.

Política educativa como investimento social

A retenção não serve nenhum dos objetivos de um sistema moderno, seja a igualdade, a produção da excelência, a eficiência, ou a qualidade. O único que cumpre com zelo é o da seleção, no sentido elementar da triagem de alunos. No que toca às desigualdades, a sua dinâmica reprodutora alimenta um fatalismo que se transforma numa profecia que se cumpre a si própria. Ora, se a escola numa sociedade desigual não deixa de reproduzir desigualdades, existem sistemas educativos diferentemente desiguais no seu papel de reforço ou neutralização das assimetrias globais. E se alguns construíram um misto onde os princípios da igualdade e da seleção cooperam com as exigências da qualidade e eficiência, noutros o sistema parece preso num equilíbrio médiocre, com altos níveis de desigualdade e baixos níveis de qualidade e eficiência.

Mas existe outro modo menos negativo de ver a questão: o sistema tem uma larga margem de progressão e pode melhorar o desempenho nos quatro critérios. Para isso, precisamos de mobilizar os diferentes atores (poder central e local, escolas e professores, pais e outros parceiros da sociedade civil), contratualizar responsabilidades e criar as dinâmicas de cooperação que permitem a implementação de políticas. O esforço de redução das desigualdades escolares tem sido, aliás, reforçado nos últimos anos: o combate ao abandono no básico consolidou a universalização da escolaridade obrigatória; a aposta no ensino profissional no secundário está a dotar milhares de alunos de diplomas de dupla certificação; os planos de recuperação têm melhorado as respostas pedagógicas aos alunos com dificuldades; a modernização do parque escolar eleva a qualidade dos estabelecimentos; a política dos Territórios Educativos de Intervenção Prioritária dá mais recursos às escolas onde se concentram as maiores dificuldades; o alargamento da ação social escolar intervirá sobre os constrangimentos económicos das famílias.

Em discussão está ainda o alargamento da escolaridade obrigatória até ao 12.º ano. A medida inscreve-se no processo histórico de extensão do movimento compreensivo e a sua importância será maior se aliada a estratégias de concertação entre o Estado, os sindicatos e o patronato na organização do mercado laboral. Ao mesmo tempo, a medida age sobre jovens com projetos profissionais quase formados, sem falar das assimetrias de conhecimentos há muito cristalizadas. Para igualizar as oportunidades e os resultados é preciso intervir mais cedo. Os primeiros anos de vida, bem antes da escolaridade obrigatória, são essenciais para o desenvolvimento cognitivo: é aqui que as dificuldades de aprendizagem se cristalizam e que as desigualdades se consolidam (aos 6 anos, são enormes as diferenças entre crianças de origem social desigual). Os resultados da estratégia iniciada há três décadas pelos países nórdicos de expansão universal do pré-escolar justificam a aposta numa educação compreensiva que lhe atribua uma função mais ambiciosa do que a guarda de crianças. Um sistema que estimula mais cedo o desenvolvimento cognitivo reduz a necessidade de recorrer a medidas compensatórias ao longo da escolaridade e, pela aplicação de uma filosofia precauciosa, inscreve-se na lógica de um Estado de *investimento social*. O argumento conservador dirá que a política educativa, como qualquer engenharia social, tem limites. Mas, além de trivial *in abstrato*, ele é pouco relevante na prática: estamos muito longe de os ter atingido. Até onde a estratégia progressista se dispõe a ir, tanto no investimento como no universalismo institucional a concretizar, depende da nossa ambição na definição de prioridades políticas.

O RENDIMENTO DESCE,
A OBESIDADE CRESCE

Por **ISABEL DO CARMO**(*)

Os portugueses têm de apertar o cinto» é uma imagem usada para significar que o rendimento vai baixar e as classes mais desfavorecidas em termos socioeconómicos vão diminuir o poder de compra. Trata-se apenas de uma metáfora, porque de facto deveríamos dizer que «os portugueses vão ter de alargar o cinto». «Apertar o cinto» já só se aplica à África subsariana (excetuando a África do Sul) e às zonas rurais da Ásia. Quanto às outras regiões do mundo, entre as quais nos encontramos, nesta época pós-industrial a obesidade situa-se em relação inversa do rendimento.

_____

(*) Diretora do Serviço de Endocrinologia do Hospital de Santa Maria. Presidente do Conselho Científico da Plataforma Contra a Obesidade.

É entre as classes mais pobres que a obesidade aumenta. Nos países do Sul da Europa, entre eles Portugal, um terço das crianças tem peso excessivo. Todas as doenças associadas, como a diabetes, a hipertensão, as doenças cardiovasculares ou osteoarticulares, vão ser também mais prevalentes entre as pessoas de baixos rendimentos.

Detetando esta relação, o jornal italiano *La Republica* titulava «La crisis fa bene al MacDonald's», em setembro de 2008, explicando que as ações do gigante alimentar tinham começado a subir com a agudização da crise. «À l'heure des fast-foods bobo et bio» era título do *Le Monde on-line* em fevereiro de 2009. Percebe-se a corrida à comida barata, quando a crise deixa de permitir restaurante e comida à mesa no intervalo de almoço dos que trabalham.

Para um rendimento doméstico de 600 a 1500 euros líquidos no total, para uma família composta de quatro pessoas, pode calcular-se que se torne inacessível o hábito de um ou dois componentes da família gastarem pelo menos 10 euros numa refeição sentada em cada um dos cinco dias de trabalho. Isso iria perfazer cinquenta euros por semana e duzentos ao fim do mês. Para duas pessoas seriam quatrocentos euros. Uma simples conta de aritmética mostra-nos que, mesmo para uma família de rendimentos médios (pai, mãe e filho a estudar, com rendimento de 1500 euros), o almoço no exterior em restaurante de baixo custo está fora de causa.

Perante isto, o trabalhador português que não tenha a felicidade de ter cantina terá de levar lancheira (o que parece acontecer cada vez mais), estará destinado a comer em pé ao balcão ou a lutar pela comodidade de um tamborete alto também ao balcão. A época da manjedoura instalou-se com toda a sua desumanidade.

Qual vai ser o conteúdo dessas refeições ao balcão? Não tenhamos ilusões. O cliente vai procurar aquilo que lhe possa trazer mais calorias, que seja mais saciante, por menos dinheiro. E o que preenche mais essas duas qualidades são as gorduras, os doces e o álcool. As fontes de proteínas são mais caras, como são caros os alimentos ricos em vitaminas e sais minerais.

Os mais pobres (por enquanto) e os «remediados» não vão ter fome, mas vão ficar mais obesos e mais carentes sob o ponto de vista nutricional. Os dois milhões de pobres vão ter acesso a alimentos saciantes por eles próprios adquiridos ou a alimentos solidários escolhidos com o mesmo critério.

Para os que trabalham, mesmo que não sejam necessariamente «pobres», a comida de balcão vai ser predominante. E o cliente ao balcão já procura menos os tradicionais «pregos» ou «bifanas», que aliás escorrem gordura, e prefere o «cachorro» e sobretudo a sandes composta de vários elementos entre os quais o molho gordo é o mais saciante. Aqueles que escolhem a sopa fazem decerto uma opção saudável, mas de facto não ficam saciados e complementam esse prato com algo fortemente composto com gordura ou com gordura e açúcar – um pastel salgado ou um bolo de grande volume. Além disso, bebem refrigerantes ou cerveja, ambas as bebidas em consumo ascendente em Portugal, de acordo com os dados do Instituto Nacional de Estatística (INE)[1].

Nestas circunstâncias, a comida rápida tipo MacDonald's, Pizza Hut e outras cadeias alimentares do mesmo género têm razões para aumentar a clientela, não só na vida quotidiana, como em eventos festivos em que «comer fora» seja algo de desejável socialmente. Deste modo, em 2009 a MacDonald's abriu mil novos estabelecimentos em todo o mundo, que se juntaram aos 30 000 já existentes. Segundo o *The Economist*, para comprar um Big Mac, e pensando nos salários médios, são necessários doze minutos de trabalho em Chicago, vinte e um minutos em Paris, quarenta e quatro em Pequim e noventa em Bogotá. Portugal deve ficar algures entre Paris e Pequim.

Em 1997, a Organização Mundial da Saúde (OMS) considerou a obesidade uma epidemia global e intitulou-a como a «New World Syndrome»[2], numa designação que tem propositadamente dois sentidos: «A Nova

---

[1] Cf. www.ine.pt.

[2] World Health Organization, *Obesity. Preventing and Managing the Global Epidemic*, Genebra, WHO, 1997

Síndrome Mundial» ou «A Síndrome do Novo Mundo» (uma forma de designar a América do Norte). De facto, é o padrão alimentar e social dos Estados Unidos que passou a expandir-se através da globalização.

O mercado global tornou insustentável a agricultura e a agroindústria locais, incapazes de competir com os produtos industrializados oriundos das grandes companhias dos países mais desenvolvidos. Os produtos tradicionais têm muita dificuldade em sobreviver. A concentração urbana forçada leva a aglomerados onde os espaços livres são escassos e o tempo nos transportes consome uma parte do dia que eventualmente poderia ser dedicada ao lazer, com práticas de vida ao ar livre, jogos, brincadeiras e desporto. As mulheres integraram o mercado de trabalho, o que é com certeza uma boa forma de estar no espaço público, mas com as horas de transporte ficam sobrecarregadas pela tradicional repartição do trabalho doméstico e não têm energia, motivação nem tempo para a produção da alimentação caseira. A comida processada, rápida, mas saciante, logo com gorduras e açúcares, é o recurso habitual.

A concentração do poder num pequeno número de poderosas companhias de indústria alimentar bloqueia as decisões políticas dos governos e, no nosso caso, do Conselho Europeu. Os planos alimentares nacionais não existem e a agricultura e pescas são condicionadas por Bruxelas. De acordo com as próprias apreciações da OMS, as modas alimentares são condicionadas pelo mercado global e também pela informação global, como acontece com a imitação automática e inconsciente das práticas observadas nas personagens das séries televisivas. E a própria postura física sedentária é veiculada pelos meios de informação. É aquilo que os investigadores consideram o mimetismo da espécie humana.

Esta concorrência de fatores explica que em todos os países desenvolvidos na era pós-industrial a obesidade tenha uma relação inversa com o rendimento. Nestes países, os mais pobres são os mais obesos. É também o que se passa em Portugal. Mesmo em países com situação social muito diferente da nossa, como os países escandinavos, este padrão verifica-se. Já num estudo realizado nos anos 90 do século passado se verificou que a Finlândia tinha mais pré-obesidade e obesidade do que a Suécia, mas em ambos os países os trabalhadores manuais eram mais obesos do que os de «colarinho branco». Curiosamente, esta diferença era mais pronunciada na Suécia, onde por sua vez também havia diferença entre os imigrantes e os suecos, sendo os primeiros mais obesos. Estudos recentes, de 2008, mostram que a Suécia é o único país onde baixou a prevalência da obesidade infantil; no entanto, agravou-se a diferença entre os escalões mais altos e mais baixos de rendimentos.

Um estudo realizado entre os adolescentes da Bélgica mostrou que os da classe social com menor rendimento eram mais obesos, tinham mais novos casos e mais dificuldade de tratamento. Na Grã-Bretanha chega-se à mesma conclusão e observa-se também mais risco de doença coronária entre os de menor rendimento, entre outras razões por terem mais obesidade. O mesmo se verificou para a Alemanha, tanto para o lado Leste como ocidental, para a Austrália e para o Canadá.

O caso dos Estados Unidos tem sido muito bem estudado e tem mostrado diferenças espetaculares. Como é sabido, a taxa de pré-obesidade e de obesidade é muito alta, atingindo para os adultos o valor de 66,3%. Mas se forem separadas as origens étnicas, este valor atinge para os afro-americanos 76,1% e para os mexicano-americanos 75,8%. A obesidade extrema ou mórbida é na população em geral de 4,8%, o que já é enorme, mas nos afro-americanos é de 10,5% [3]. Entre nós, a prevalência deste grau de obesidade é de 0,6%, o que nos dá cerca de 30 000 adultos grandes obesos. Este número, apesar de muito menor do que a mesma taxa relativamente aos Estados Unidos, constitui um grande problema para o Serviço Nacional de Saúde (SNS), visto que são doentes cujo tratamento tem de ser levado a cabo num centro hospitalar altamente diferenciado. Se a tendência for o

---

[3] Cynthia L. Ogden e col. «Prevalence of Overweight and Obesity in the United States, 1999-2004, *Jama*, vol. 295, 5 de abril de 2006, pp. 1549-1555.

aumento, estamos perante um beco sem saída. Só a prevenção pode suster esta tendência. Ora, a prevenção é difícil na situação de crise atual.

O que se passa em Portugal

Dados a respeito de Portugal foram obtidos num estudo de prevalência da obesidade entre 2003 e 2005[4], com uma amostra aleatória nacional de 8116 indivíduos com medições diretas. Foi analisada também a prevalência de obesidade por grau académico e nível profissional. Este foi considerado em cinco níveis e as habilitações literárias em quatro níveis. É na classe com menores rendimentos que se encontra maior prevalência de pré-obesidade e obesidade *(Quadro I)*. E se o primeiro escalão (o topo social) apresenta mais obesidade do que o segundo, isso deve-se decerto à importância das chamadas refeições sociais no primeiro grupo. Quanto às habilitações literárias, verifica-se que os mais instruídos são os menos obesos, tanto para homens como para mulheres *(Quadro II)*.

---

[4] Isabel do Carmo e col., «Overweight and Obesity in Portugal: National Prevalence in 2003-2005», *Obesity Reviews*, vol. 9, 2008, pp. 11-19.

O RENDIMENTO DESCE, A OBESIDADE CRESCE

QUADRO I

		ACTIVIDADE PROFISSIONAL				
		A	B	C	D	E
IMC OBJECTIVO	Baixo peso	1,8	1,5	1,5	2,6	0,6
	Peso normal	38,5	46,6	45,7	45	35,8
	Pré-obesidade	44	39,4	40,6	40	44,9
	Obesidade	15,7	12,5	12,2	13	18,6

A = Quadros Superiores da Administração Pública, Dirigentes e Quadros Superiores de Empresas
B = Especialistas das Profissões Intelectuais e Científicas
C = Técnicos e Profissionais de Nível Intermédio
D = Pessoal Administrativo e Similares & Pessoal dos Serviços e Vendedores
E = Agricultores, Pescadores, Operários, Artífices, Operadores, Trabalhadores da montagem, e Trabalhadores não qualificados

QUADRO II

		EDUCAÇÃO			
		Baixo	Médio Baixo	Médio Alto	Alto
IMC OBJECTIVO	Baixo peso	1,3	1,7	2,8	2,8
	Peso normal	28,8	40,3	47,7	56
	Pré-obesidade	46,3	42,8	38	33
	Obesidade	23,6	15,2	11,6	8,3

O nível de instrução é com certeza um marcador indireto de rendimento e como tal deve ser considerado. Deve considerar-se que a instrução confere conhecimentos a respeito da alimentação e da saúde. Mas esta verificação não deve dar lugar ao discurso de que o problema da obesidade se resolve com a «educação», discurso esse que é caro à indústria agroalimentar, pois remete para as boas escolhas motivadas pela «educação» e pela informação da «alimentação saudável», atribuindo a cada um e às famílias a responsabilidade pela sua saúde e afastando as responsabilidades da indústria e a necessidade de medidas governamentais. Já ouvimos isto a respeito do álcool, do tabaco, da conduta na estrada – faz parte do código individualista neoliberal.

De facto, os indivíduos com mais rendimento podem escolher alimentos tendo em conta outros recursos, além da fonte calórica. Podem escolher tendo em conta o facto de o alimento ter pouca gordura ou ser rico em vitaminas e sais minerais. Podem comprar fruta, lacticínios e legumes frescos. Têm acesso à prática de exercício físico programado e vivem em bairros mais seguros onde a vida ao ar livre é possível. Gastam menos horas nos transportes. Nos indivíduos com menos rendimentos os alimentos são escolhidos como fonte calórica e, como tal, predominam os alimentos ricos em gordura, particularmente gordura animal.

Quanto aos chamados países em desenvolvimento, verifica-se uma relação contrária. Os de menores rendimentos passam fome e são magros; a obesidade é muito mais prevalente entre os de maior rendimento. Uma situação interessante é a verificada entre os chamados países emergentes. Na Índia e na China encontra-se uma prevalência de obesidade e doenças associadas (aterosclerose, diabetes, doenças cardiovasculares) assinalável nos meios urbanos entre as classes mais abastadas (em Pequim e em Nova Deli) e a taxa de obesidade no resto do território é negligenciável. No Brasil verifica-se uma clara situação de país de transição: nos meios rurais a obesidade está ligada a maior rendimento; nos meios urbanos a menor rendimento, sobretudo entre as mulheres. Nos países africanos de língua oficial portuguesa (PALOP) a obesidade não é problema. A média de ingestão calórica para toda a população está ainda abaixo das necessidades. Poderá vir a ser problema entre a classe urbana abastada.

Com o evoluir da crise

Com o aprofundamento da crise em Portugal podem colocar-se hipóteses. Num primeiro tempo a obesidade vai aumentar, com maior incidência nos mais pobres. As mulheres desempregadas apresentarão mais obesidade, como se tem verificado em outros países, embora o mesmo não se verifique com os homens desempregados. Está demonstrado que os horários de trabalho desregulados e a privação de sono aumentam o apetite, o que também concorrerá para a obesidade.

A indústria agroalimentar de *fast-food* será mais agressiva e apetecível. Os defensores da abolição da publicidade a alimentos nos programas infantojuvenis da televisão perderão terreno, numa altura em que a «economia» deve ser «ajudada» (levar as crianças a ingerir mais produtos dos que são publicitados, 90% dos quais são hipercalóricos).

Neste momento, Portugal, Espanha, Grécia e Itália têm as maiores prevalências de pré-obesidade e obesidade infantojuvenil da Europa. Um terço das crianças e jovens têm peso excessivo. É provável que mantenham esse lugar, a par do tão falado défice. Estas crianças, daqui a cinquenta ou sessenta anos, terão uma esperança de vida menor do que a nossa; é o que calculam os epidemiologistas. Já não estaremos cá para o comprovar. Mas estarão elas, para olharem para trás e para nos responsabilizarem.

Num segundo tempo, iremos ter fome de «apertar o cinto»? É difícil prever, neste momento, se chegaremos ao ponto de haver défice calórico. Há com certeza défice em ferro, em proteínas, em cálcio e em vitaminas antioxidantes. Por enquanto, os municípios estão a dar refeições no ensino básico, o Ministério da Educação ou as autarquias distribuem algumas refeições e fruta, o Banco Alimentar, as Misericórdias e outras instituições de solidariedade fornecem centenas de milhares de refeições. A rede do Estado e dos privados parece ser suficiente sob o ponto de vista calórico. Mas a qualidade geral vai ser afetada, enquanto a obesidade vai aumentar. Poderemos, por exemplo, ter meninos mais «gordos», mas menos altos por falta de proteína.

E, no entanto, outro caminho seria possível. Num país rodeado de mar e com a maior tradição de alimentação com peixe da Europa, produtor de fruta e de lacticínios de grande qualidade, seria possível um plano alimentar nacional para enfrentar a crise, para enfrentar a obesidade e para enfrentar Bruxelas. Será possível?

RISCO E DESIGUALDADES SOCIAIS

Por **ANA DELICADO** (*)

Vivemos numa sociedade de risco. Desde os anos 80 que vários cientistas sociais têm elaborado teorias em torno do postulado que a sociedade em que vivemos se distingue das que a precederam pela omnipresença do risco.

E, de facto, a palavra risco está crescentemente presente nos discursos, nas mais variadas esferas. Dos incêndios florestais ao crédito bancário, do uso da Internet pelas crianças aos acidentes nucleares, das epidemias à exclusão social, dos telemóveis à carne de vaca, tudo e todos parecem estar em risco ou causar um risco. De uma noção mais estrita, associada às probabilidades de ocorrência de um evento com efeitos nefastos, o con-

---

(*) Investigadora do Instituto de Ciências Sociais da Universidade de Lisboa.

ceito de risco adquiriu uma aceção alargada, tornando-se sinónimo de perigo, ameaça, mal social, económico, ambiental, etc.

Não deixa de ser paradoxal, no entanto, que seja nas sociedades contemporâneas, nas quais se ampliou enormemente a esperança de vida e se descobriram curas para tantas doenças, soluções tecnológicas para os mais variados problemas, técnicas para prever e dominar os fenómenos naturais, que a ideia de risco se tornou tão central.

Tal pode ser associado ao facto de a capacidade humana de intervir sobre o mundo se ter ampliado enormemente. A tecnologia atual possibilitou, de facto, vidas mais longas e confortáveis. Mas também tornou possível destruir, por vezes irremediavelmente, populações, ecossistemas, até o planeta inteiro. Porque muitos dos riscos dos quais se fala (o nuclear, as alterações climáticas, para dar apenas dois exemplos) têm potenciais consequências catastróficas, impremeditadas, irreversíveis, que se estendem sobre gerações futuras.

Por isso, em oposição aos riscos tradicionais, associados a fenómenos da natureza e vistos como «atos de Deus», se fala em «novos riscos»: o nuclear, a contaminação química, as radiações eletromagnéticas, os organismos geneticamente modificados. A eles estão muitas vezes associadas doenças temíveis, a extinção de espécies, danos irremediáveis sobre a natureza.

RISCO E DESIGUALDADES SOCIAIS

E não deixa também de ser contraditório que aceitemos melhor os riscos que escolhemos correr, mesmo que a sua probabilidade de ocorrência seja muito maior, do que os que nos são impostos de fora, mesmo que mais incertos. É o clássico caso do tabaco, responsável por muito mais mortes por cancro do pulmão do que a poluição automóvel nas cidades.

Mas, ao contrário do Sol, o risco, quando nasce, não é necessariamente para todos. As desigualdades sociais também se refletem no modo como as pessoas veem e sentem os riscos, como adquirem conhecimentos sobre eles e como agem para deles se proteger ou prevenir.

Quanto à perceção dos riscos, um estudo coordenado por Maria Eduarda Gonçalves (editado em 2007, com o título *Os portugueses e os novos riscos*, pela Imprensa de Ciências Sociais) chegou a conclusões elucidativas. Focando-se sobre os riscos ambientais e de saúde pública, incluiu, além de três estudos de caso sobre riscos amplamente mediatizados (a doença das vacas loucas, a coincineração de resíduos industriais perigosos e a contaminação com urânio empobrecido nos Balcãs), um inquérito de opinião à população portuguesa.

Constatou-se então que, no que respeita à preocupação sobre um conjunto de riscos, os «novos riscos» eram mais temidos que os riscos «tradicionais»; que os riscos «agudos» (por exemplo, os acidentes) geravam menor ansiedade que os riscos «crónicos» (por exemplo, a polui-

107

ção), talvez porque em Portugal não há memória de grandes acidentes industriais, enquanto que problemas como a poluição dos rios ou do ar são um tema recorrente nos noticiários; por fim, verificou-se também que os riscos «globais» eram considerados mais preocupantes que os de proximidade, talvez por se pensar que Portugal se encontra relativamente mais protegido que outros países mais industrializados.

Mas quando se atenta nos resultados deste inquérito discriminados por variáveis de caracterização social é que se reconhece que a diferentes posições na estrutura de classes correspondem diferentes atitudes perante os riscos. A preocupação face aos riscos ambientais e de saúde pública é mais severa nos estratos mais desfavorecidos: as mulheres, os mais idosos, os menos escolarizados, os que não exercem profissão, os trabalhadores manuais, as famílias de menor rendimento *(ver gráficos)*.

GRÁFICOS

PREOCUPAÇÃO FACE AOS RISCOS AMBIENTAIS E DE SAÚDE PÚBLICA

Valores: média entre 1 (Nada preocupado) e 4 (Muito preocupado)

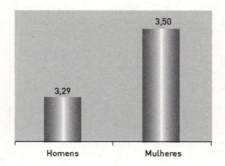

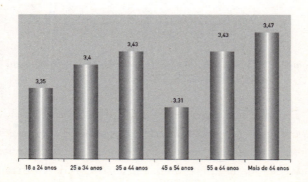

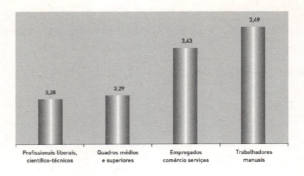

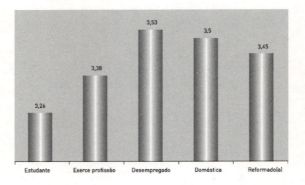

Fonte: Maria Eduarda Gonçalves (coord.) et. al., *Os portugueses e os novos riscos.*, ICS, Lisboa, 2007, p. 269.

E quando se detalha o grau de ansiedade segundo o tipo de riscos, o mesmo perfil emerge. Os riscos «tradicionais» atemorizam mais os mais socialmente desprotegidos, enquanto que os mais escolarizados demonstram maior receio dos «novos riscos» associados à tecnologia. Os riscos «agudos» causam maior inquietação aos mais pobres, possivelmente porque grandes acidentes e catástrofes recebem maior cobertura noticiosa na imprensa. E são também as camadas sociais mais vulneráveis que demonstram maior preocupação com os riscos de proximidade, provavelmente porque terão menor capacidade de lhes escapar.

Tal como em tantas outras desigualdades sociais, uma das variáveis aqui mais determinantes será a educação. A um grau de escolarização avançado corresponderá uma maior capacidade de procurar e decifrar informação sobre os riscos. E o acima mencionado inquérito também demonstrou isso. Como se costuma dizer, «conhecimento é poder», e neste caso conhecer a probabilidade associada aos riscos, compreender as suas causas e a extensão das possíveis consequências, confiar na ciência para avaliar e resolver os problemas, contribui para ver o risco de outra forma. E agir em conformidade.

A detenção de conhecimento e de meios económicos para prevenir (alguns) riscos é determinante. As classes sociais mais favorecidas podem pagar alimentação de agricultura biológica para evitar a contaminação com pesticidas, a carne com hormonas e, no futuro, os organismos geneticamente modificados. Mudar de casa se a zona em que vivem se tornar menos salubre. Recorrer a serviços de saúde privados para prevenir, diagnosticar atempadamente ou tratar doenças. Adquirir automóveis com ABS, *airbags* e outros dispositivos de segurança. Evitar ocupações profissionais perigosas. Beber água engarrafada se a da rede pública se revelar insalubre. Instalar vidros duplos, ar condicionado, filtros, equipamentos vários, para isolar o interior doméstico de qualquer ameaça exterior.

No entanto, a desigualdade social dos riscos não é apenas uma consequência «natural» da desigual distribuição de capital educacional ou económico. Há lógicas político-administrativas que reforçam essa desigualdade. Junto a zonas residenciais de classe média ou alta não se constroem fábricas poluentes, não se localizam linhas de alta tensão, não se instalam lixeiras ou aterros, não se edificam viadutos e vias rápidas. Ou vice-versa: não se projetam bairros de habitação para estes estratos sociais onde já estão localizados ou previstos estes focos de risco ou outros (leitos de cheia, zonas de aluimento de terras, terrenos contaminados).

Porém, o risco é uma questão bastante mais complexa que a retratada nos inquéritos de opinião. Conviver com o risco pode ser uma escolha, mais ou menos condicionada pela necessidade. O risco pode mesmo ser incorporado dentro de identidades pessoais (por exemplo, os praticantes de desportos radicais) ou profissionais (soldados, polícias, guardas prisionais, operários de indústrias perigosas, mineiros, técnicos de radiologia). Nestes casos o risco é tolerado, minimizado ou aceite, porque está implícito na fonte de sustento. A mina, que por vezes engole os mineiros ou lhes enche os pulmões de partículas nocivas, ou a fábrica, que emite fumos poluentes ou corre o risco de explosão, dá emprego, paga salários e reformas, proporciona habitação aos trabalhadores e às suas famílias.

Esta familiaridade e convivência forçada com o risco obriga ao desenvolvimento de estratégias para lidar com ele. Veja-se como no caso da refinaria de Sines, retratado no magistral livro de Paulo Granjo (*«Trabalhamos sobre um barril de pólvora»: homens e perigo na refinaria de Sines*, Imprensa de Ciências Sociais, Lisboa, 2004), a relação com o risco é redefinida pelos trabalhadores, sendo este avaliado e controlado mediante práticas de solidariedade e de transmissão de saberes profissionais.

E muitas destas empresas incorporam nas suas ações de responsabilidade social outros benefícios à localidade onde estão instaladas: pavimentam ruas, constroem pavilhões polidesportivos e cineteatros, patrocinam o clube e a associação recreativa local, apoiam as creches e os lares de idosos, subsidiam as autoridades municipais. Tece-se assim também uma teia de relações entre habitantes e fonte do risco, que leva os primeiros a sentirem-se compensados e a aceitarem o convívio com o perigo.

A título de exemplo, Souselas vive há décadas à sombra da cimenteira. O pó do cimento deposita-se nas casas, nos carros, na roupa estendida. Entranha-se na vida e no corpo de quem lá habita. E é possivelmente responsável pelo acréscimo de doenças respiratórias e oncológicas, detetado por um estudo epidemiológico realizado em 2001 pelo Instituto de Higiene e Medicina Social de Coimbra. No entanto, existindo a cimenteira desde os anos 70, é a proposta de adicionar a coincineração de resíduos industriais perigosos (como combustível das fornalhas) à atividade da fábrica que suscita uma agudizada perceção do risco e toda a contestação social que se lhe seguiu. Por hipótese, esta reação será, pelo menos em parte, motivada por os habitantes se sentirem sujeitos a maior risco sem a correspondente compensação adicional.

É muitas vezes a desconfiança face ao setor privado e aos decisores políticos, a perceção de que estes ocultam ou manipulam a informação, que faz exacerbar o sentimento de risco. E que suscita a controvérsia social, os movimentos de protesto, as ações de resistência ao que as populações veem como um risco.

Porque, apesar de as desigualdades sociais imporem diferenças na capacidade de reagir ao risco, as regras das sociedades democráticas também permitem aos cidadãos reivindicar o direito de serem ouvidos e participarem nas tomadas de decisão que os afetam. E, além do voto, têm ao seu dispor um alargado reportório de ação: manifestações, boicotes, petições, constituição de associações, intervenção em audições públicas de estudos de impacto ambiental, recurso aos tribunais e às autoridades europeias, etc.

Se Portugal continua a ser um país de «brandos costumes» e apatia cívica, os últimos anos têm mostrado que, quando estão em causa riscos ambientais e de saúde pública, as populações mobilizam-se e protestam. É disso exemplo o caso da coincineração em Souselas e na Arrábida, das linhas de alta tensão em Sintra, Almada e no barlavento algarvio, da contaminação radioativa na Urgeiriça, da poluição na ribeira dos Milagres em Leiria. E o desfecho de alguns destes casos mostra que os cidadãos que se unem para defender a sua segurança e bem-estar por vezes veem atendidas as suas reivindicações.

PORTUGAL E O ETERNO DUALISMO: É POSSÍVEL QUEBRAR O CICLO?

Por **RENATO MIGUEL DO CARMO**(*)

Em meados dos anos 60 o sociólogo Adérito Sedas Nunes sistematiza, num célebre artigo([1]), os traços fundamentais que marcavam até então a sociedade portuguesa. Segundo o autor coexistiam no país duas dinâmicas bem vincadas: de um lado, os territórios da modernidade e da industrialização situados principalmente na faixa litoral; do outro, o país tradicional que continuava a viver na sua «pobreza» ancestral (não só económica, como de recursos humanos, sociais e tecnológicos). Deste confronto era expectável que o país moderno se consolidasse e alastrasse por outros tantos territórios, localizados mais a interior. E de facto, foi

---

(*) Sociólogo, investigador auxiliar do CIES-IUL (Lisboa).

([1]) Adérito Sedas Nunes, «Portugal, sociedade dualista em evolução», *Análise Social*, n.º 7/8, 1964, pp. 407-462.

isso que sucedeu ao longo das três décadas seguintes: os territórios da modernidade diversificaram-se e despontaram em muitas cidades e vilas. De tal modo, que a oposição entre o litoral moderno e o interior tradicional deu lugar a uma realidade muito mais complexa e heterogénea[2]. Contudo, apesar desta evolução, verifica-se que, em muitos setores, a sociedade portuguesa continua a ser marcadamente dual, sendo a expressão mais significativa dessa disparidade o escandaloso nível de desigualdade social que teima em persistir.

Se quisemos resumir os fenómenos preponderantes que continuam a produzir mecanismos de desigualdade, tenderia a salientar três que se encontram fortemente associados: a debilidade do nosso tecido económico e empresarial, o baixo nível de rendimentos auferido por parte substancial da população e, por último, o défice de escolarização e de qualificação profissional.

A nossa economia continua a pautar-se por um modelo assente no desproporcionado peso das pequenas e médias empresas (PME) que recorrem generalizadamente à contratação de mão de obra barata e pouco qualificada. Parte importante destas empresas demons-

---

[2] Renato Miguel do Carmo, «Portugal, sociedade dualista em questão: dinâmicas territoriais e desigualdades sociais», Filipe Carreira da Silva, Karin Wall, Manuel Villaverde Cabral, Sofia Aboim (eds.), *Itinerários. A Investigação nos 25 Anos do ICS*, Imprensa de Ciências Sociais, Lisboa, 2008, pp. 373-394.

tra uma grande incapacidade de inovar e de investir em algum capital de risco. As PME representam 99,6 por cento das unidades empresariais do país, criando 75 por cento dos empregos no setor privado, o que corresponde a 2,1 milhões de postos de trabalho[3]. Mais do que do das grandes empresas (que empregam mais de 250 trabalhadores) e das médias, o crescimento do emprego privado entre 2000 e 2005 deu-se sobretudo à custa do desempenho das micro (com menos de 10 trabalhadores) e das pequenas empresas (menos de 50 trabalhadores), que registaram um acréscimo médio anual de 7,2 por cento e contribuíram para o aumento do emprego na ordem dos 5,6 por cento ao ano. Estas constituem 97 por cento das empresas e são responsáveis pelo emprego de 55,2 por cento da população a laborar no setor privado. No entanto, apesar deste dinamismo, registaram em 2005 somente um terço do volume de negócios, enquanto as grandes, que não ultrapassam em número o 0,4 por cento, realizaram, em contrapartida, cerca de 43,6 por cento do volume de negócios. Esta disparidade entre a capacidade de crescimento e de gerar emprego e a menor eficácia na produção de riqueza, demonstrada pelas micro e pequenas empresas, é reveladora desse desequilíbrio estrutural que foquei anteriormente.

---

[3] Ver *Sobre as PME em Portugal*, IAPMEI, Lisboa, fevereiro de 2008.

Na verdade, o modelo dominante continua a basear-se na contratação de trabalhadores auferindo baixos salários, sendo sobretudo por intermédio da precarização do fator trabalho que se continua a controlar os custos de produção. Esta situação é parcialmente responsável pela persistência das desigualdades de rendimento da população portuguesa, de que um dos indicadores mais demonstrativos se expressa na comparação entre os rendimentos auferidos pelos 20 por cento mais ricos face aos 20 por cento mais pobres[4].

O défice de escolarização da população empregada representa outro grave problema estrutural que, em certa medida, se relaciona com o anterior. É conhecido o nosso atraso nesta matéria; de qualquer modo, quando se refere a questão da escolarização tende-se normalmente a olvidar-se a situação dos empregadores. Ora bem, segundo os dados do Inquérito ao Emprego (de 2009), verifica-se que somente 28,7 por cento dos nossos empregadores

---

[4] S80/S20 é um «rácio de percentil» que mede a diferença entre o rendimento recebido pelos 20 por cento da população que detêm níveis mais elevados de rendimento (quintil do topo) e o rendimento auferido pelos 20 por cento com menor nível de rendimento (quintil da base). Segundo os dados do Eurostat (SILC Survey) para o ano de 2008, Portugal é o país da União Europeia a 27 no qual as diferenças de rendimento entre os quintis em causa são maiores: o rendimento auferido pelos 20 por cento mais ricos é 6 vezes superior ao dos 20 por cento mais pobres.

detêm um diploma de ensino superior ou concluíram o ensino secundário ou pós-secundário. Isto significa que 71,3 por cento dos empregadores portugueses têm um grau de escolarização que não ultrapassa o 3.º ciclo (antigo 9.º ano). Por seu turno, o nível de escolarização dos trabalhadores por conta de outrem, apesar de muito insuficiente, tende a ser melhor: 37,5 por cento completou o secundário ou o ensino superior[5]. Estes números são bem elucidativos em relação ao nosso tecido empresarial. De facto, o perfil da economia portuguesa não é somente dominado por micro, pequenas e médias empresas (o que em si não é propriamente um fator negativo); o problema é que muitas destas são dirigidas por empresários detendo baixíssimos níveis de qualificação e de formação profissional.

Ou seja, podemos dizer que persiste um ciclo vicioso na economia portuguesa determinado por uma engrenagem composta por três vértices de um triângulo perverso: baixos salários, baixas qualificações e baixa capacidade de gestão. Para quebrar este ciclo «desvirtuoso» é necessário incrementar um conjunto de políticas públicas. Algumas têm sido bem sistematizadas por organizações internacionais como a Organização Internacional do Trabalho (OIT), sendo parte delas relativamente

---

[5] Nestas proporções estão contemplados tanto os trabalhadores do setor privado como do público.

consensuais, pelo menos, no espectro dos partidos que se reconhecem numa das diversas variantes políticas da social-democracia.

Políticas públicas no setor privado

Sobre o que pode ser feito ao nível das políticas públicas, a OIT avança caminhos complementares[6]. Assim, considera-se que a contratação coletiva deve ser promovida e que os parceiros sociais deverão ser incentivados a participar nas diversas negociações de modo a prevenir a escalada das desigualdades salariais. A institucionalização nas economias nacionais do salário mínimo e o respetivo aumento gradual representa um meio imprescindível para a promoção da justiça social.

Outro eixo de ação das políticas que contribuam para a atenuação das desigualdades económicas tem a ver com a progressividade na tributação dos impostos diretos sobre o rendimento. A este respeito, é evidenciada a opção (nestes últimos anos) pelo incremento dos impostos indiretos (como o imposto sobre o valor acrescentado, IVA), por parte de muitos governos, em detrimento da progressividade dos impostos diretos (nomeadamente,

---

[6] Ver os relatórios da Organização Internacional do Trabalho (OIT): *World of Work Report* e *Global Wage Report 2008/2009*.

sobre as grandes fortunas). Para a OIT, esta opção tem tido um impacto negativo sobre a equidade na distribuição dos rendimentos. A consolidação das transferências sociais representa outro fator importante, que passa pelo reforço do Estado-providência.

Estas e outras medidas, que se focalizam fundamentalmente na eficácia das políticas fiscais e redistributivas que promovam a justiça social, requerem um melhor enquadramento na ação política dos governos de modo a combaterem o eventual agravamento das desigualdades socais decorrente da atual crise económica. Contudo, estas podem ser insuficientes se não contemplarem uma reformulação do papel do Estado no seio da economia.

Em tempos de crise como os que estamos a atravessar, é hora de o Estado e, mais propriamente, dos governos se virarem para o tecido produtivo dos seus países. Do meu ponto de vista, mais do que se acenar com visões generalistas e um tanto abstratas que passam por processos temporários ou parcelares de nacionalização ou por medidas mais ou menos protecionistas, é tempo de questionar até que ponto o Estado se pode transformar, por via de uma concreta política económica, num agente dinâmico de igualização social.

É assim necessário distinguir o âmbito das políticas conjunturais daquelas que apresentam um horizonte mais alargado e que pretendem reestruturar profundamente as lógicas e os mecanismos menos virtuosos dos sistemas produtivos, como os que foram referidos anteriormente para o caso português. Para tal, é importante ter em conta o contexto global em que se enquadram as economias nacionais, mas também os contextos regionais e locais que dinamizam e materializam a vida económica e que são marcados por formas e lógicas específicas de organização. Relativamente a Portugal já nomeei algumas dessas características, cuja persistência orgânica representa uma das causas principais do nosso nível de desigualdade.

Como referi, o tecido empresarial nacional é fortemente fragmentado em micro e pequenas empresas, cuja capacidade de produzir valor acrescentado é relativamente limitada. Perante esta configuração, o Estado tem sérias dificuldades em desenvolver políticas económicas que promovam a inovação empresarial. Em parte essa dificuldade deriva de uma excessiva centralização burocrático-administrativa que caracteriza o Estado moderno português. Na verdade, um Estado desmesuradamente centralista (e centralizador) jamais poderá tornar-se um agente indutor de transformação da nossa estrutura económica que, por seu turno, se apresenta demasiadamente fragmentada. A centralização político-administrativa é, em certo sentido, o maior e o melhor aliado para a perpetuação de um sistema produtivo débil e desequilibrado.

Uma concreta política económica e social de esquerda não pode continuar a encarar o Estado como a panaceia de todas as soluções sem empreender uma verdadeira reforma no interior das diversas instituições e agências públicas. Para o efeito, é necessário organizar um Estado ágil com capacidade para intervir no tecido empresarial de maneira a promover não só os índices de produtividade, como medidas determinantes para a resolução do problema das desigualdades sociais.

Por exemplo, no que diz respeito às PME, não só se justificam as medidas que têm sido anunciadas e propostas, como, acima de tudo, se exige uma estratégia geral que enfrente os problemas estruturais (a sustentabilidade de parte significativa destas empresas é crucial para a manutenção e a criação de muitos postos de emprego). Tenho vindo a focar uma das vertentes que me parece ser das mais gravosas: a composição débil da classe empresarial que apresenta um enorme défice de qualificação. Dado o cenário, considero que seria interessante avançar-se com um programa geral de apoio às PME que enquadrasse a formação profissional dos empresários e dirigentes.

Ou seja, fazer depender um conjunto de medidas de apoio financeiro (como as que têm sido postas em prática) – que incidem nos benefícios fiscais ou no apoio facilitado a linhas de crédito, entre outras – da formação e qualificação profissional não só dos trabalhadores como dos próprios dirigentes. A economia portuguesa necessita de empresários e de gestores com maior capacidade de inovação. Não há outra forma de os dotar dessa capacidade senão apostar na sua qualificação[7]. A questão do défice de qualificações só poderá ser plenamente resolvida se se introduzirem mudanças profundas na estrutura produtiva do país. E para isso é fundamental a definição de uma série de deveres e de responsabilidades a partir de um contrato social (ou, se quisermos, a partir de um código de conduta empresarial). Uma concreta política económica passa necessariamente por uma contratualização mais consequente entre o Estado e as empresas.

Considero que esta via (ilustrada pela proposta anterior) é imprescindível para se conseguir quebrar o ciclo vicioso que determina o dualismo persistente das desigualdades sociais. Como vimos, esse dualismo já não se manifesta tão linearmente na oposição territorial entre o litoral moderno e o interior tradicional. Na verdade, a geografia das desigualdades tornou-se muito mais complexa, sem, no entanto, perder o seu caráter assimétrico. Todavia, apesar de os territórios serem cada vez mais heterogéneos entre si, estes não perderam a sua importância. Pelo contrário, estou convencido de que uma política económica e social concreta, no sentido que

---

[7] Tem estado em curso um ou outro programa que aposta na formação profissional dos empresários, desenvolvidos nomeadamente no seio do IAPMEI, mas com impactos bastante reduzidos junto destes.

descrevi anteriormente, depende em grande parte da maneira como o Estado conseguir interagir com esses territórios diferenciados, estabelecendo políticas contratualizadas entre agentes económicos diversificados que contemplem a escala dos contextos regionais e locais. Neste âmbito é imprescindível considerar o alcance dos instrumentos políticos que asseguram o controlo público dos setores ditos estratégicos (saúde, educação, energia, transportes, investigação científica e tecnológica, etc.), por intermédio de uma gestão eficaz e inovadora capaz de implicar diferentes parceiros institucionais, empresariais e associativos.

Vivemos mundialmente tempos de mudança. Neste momento histórico, a inevitabilidade da política única deve ceder o lugar à irreverência da política. Mas, atenção, é preciso encarar a predisposição da e para a mudança com a responsabilidade devida para conseguir transformar os fatores que teimam em persistir (como é o caso das desigualdades sociais). Se assim não fizermos, corremos o risco de cair na vertigem da mudança com a ilusão utópica de querermos comandá-la e manipulá-la.